市電のある風景・名古屋

浅野 修
Osamu Asano

はじめに

　名古屋の街から市電が姿を消して、丁度50年になります。この半世紀、名古屋の街は大きく変貌しました。駅前の高層ビル群に囲まれていると、ここに市電が走っていたとは思えない変り様で、行き交う人も市電のことを知らない世代がほとんどになりました。まさに浦島太郎の世界です。

　架線が取り払われた直後の市電通りは、思いがけなくもすっきりした青空が出現しましたが、やがて都市高速道路が頭上を走ることになって、多くの主要道路の沿線はほとんど陽の当たらない街になってしまいました。より良い生活を実現するために、我々日本人はこの50年間働き続けてきました。そして便利なクルマ社会を享受することができ、快適な暮らしを手に入れました。目標だったより良い生活は実現できたように思えますが、ふと立ち止まって考えるとどこかで何かを忘れてしまったような気がします。

　市電のある街は活気がありました。市内の至る所に商店街や公設市場があり、食材や生活用品を揃える多くの人々で賑わっていました。市電の停留所の前には必ずと言ってよいほどパン屋さんの看板を掲げた商店がありました。万屋さん、今風に言えばコンビニです。同じく名古屋ならではのパチンコ屋さんも、電停ごとにありました。そして何よりも人々の生活があり、挨拶を交わす声が聞こえていました。

　筆者は戦後まもなく名古屋で生まれ、学生時代までのほとんどを名古屋で過ごしました。小学生だった昭和30年代前半まで、家の周りには空き地が沢山ありました。格好の遊び場でしたが、のちになって空襲で焼けた跡地だと知りました。若宮通や白川通の予定地には廃墟や瓦礫の山が残っていました。名古屋の街が復興してゆく有様を、子供ながらに肌で感じていた時代でした。市内の何処へ行くにも市電を利用しました。休日には市電に乗って松坂屋へ連れて行ってもらうのが楽しみでした。新しいタイプの車両も登場して、特に無音電車と呼ばれた車両は市民の誇りでした。

長じて昭和41年に大学生になり、鉄道研究会のメンバーになりました。この時すでに地下鉄東山線は東山公園まで延伸されていて、並行する市電は今池から東側が廃止されていました。懐かしい子供時代の記憶が呼び起こせるように、元気に走っている市電の記録を残そうと、暇を見つけてはカメラを持って名古屋の街を歩き回りました。

　仕事をリタイアしてからはホームページを立ち上げて、学生時代に撮影した市電の写真を発表して来ました。時々TV局などから写真の使用依頼があり、この時代の写真に対する要望が多いことが分かりました。団塊の世代の中心にいた筆者も、後期高齢者になりましたので、いずれは形のあるものにして残したいと思っていました。その様な折りに桜山社の江草社長から、ホームページに掲載した写真を使った写真集出版のお話しがあり、このたび上梓する運びになりました。先輩諸氏の手によって、名古屋市電の歴史や車両を扱った書籍はすでに多数出版されています。本書はそれらとは異なり、名古屋市電が走っていた昭和40年代半ばの街の姿にスポットを当てました。50年前のご近所の様子が写っているかも知れません。ぜひお手にとって頂き、市電に乗ってタイムトラベルをお楽しみ下さい。

［凡 例］

1、本書に掲載した写真説明文の末尾には、原則として撮影場所、車両番号、系統［　］、写真撮影年月日を順に表記した。例外的に同じ撮影場所や年月日が連続する写真は記載を省略している。

2、写真説明文の名称や地名は一般的な呼称や略称を使用し、現在使用されていない名称や地名には適宜「旧」と表記した場合がある。

3、各地区に掲載した冒頭の略地図は、「名古屋市精図」（昭和38年発行 昭文社）を参考に作成した。

4、名古屋市電系統図は名古屋市交通局の昭和36年4月現在のものを掲載した。

5、説明文中の人名など固有名詞は敬称略とした場合がある。

市電のある風景・名古屋

[目　次]

はじめに	1
名古屋駅前	4
広小路通	20
中村線	34
浄心	50
column　お堀を走った瀬戸電	72
柳橋から八熊通周辺	74
大津通	90
熱田から昭和町	104
column　豊橋へ行った名古屋市電	120
大須	122
鶴舞公園から堀田	136
黒川	156
上飯田	170
下之一色	186
column　西名古屋港線	216
名古屋港	220
船方から西稲永	236
八事線	252
今池周辺	270
桜山町	284
瑞穂通から笠寺方面	300
名古屋まつりの「花電車」	318
年表で語る市電の歴史　〜開業から最盛期まで〜	328
市電運転系統図	336
おわりに	337
参考文献	338

名古屋駅前。 1559 [臨] 1968/4/4

名古屋駅前

名古屋駅前には1950年代に建てられた名鉄百貨店や、毎日ビル、豊田ビルなどの多くの建物が軒を連ね、それらの高さが揃っていて均整の取れたスカイラインを形成していました。明るい未来を指し示すかのような青年像は、「青年都市」と呼ばれた名古屋のシンボルでした。

国鉄の名古屋駅（3代目駅舎）です。1937年2月に鉄道線路が高架化され、それまで笹島にあった旧名古屋駅が現在地に移転して新駅舎が誕生しました。間口165m、奥行44m、総延面積70,000m²の偉容は、東洋一の規模を誇っていました。
2018 1969/6/24

名古屋駅前の北東角からやや逆光気味に撮影しました。東海道本線は東京からひたすら西へ向かって走っていますが、名古屋から岐阜に至る区間は北へ向かっています。このため名古屋駅の正面玄関は東を向いています。駅前広場には広大な空間があって、左端の名鉄百貨店まで良く見通せました。この駅舎は1993年に取り壊されて、1999年に超高層のセントラルタワーズが竣工しました。
1309 [11] 1968/4/4

駅の北側にある中央郵便局の角で、市電の線路がカーブしていました。その手前にある日本交通公社の古い建物の1階は、1967年まで名鉄のバスターミナルでした。東一宮、馬寄、起、黒笹、足助などの郊外へ出発するバスの行き先が走馬燈のように浮かんできます。残念なことにバスの写真は1枚も残っていません。
2002 [11] 1968/4/4

上掲の地点を名鉄百貨店の屋上から撮影しました。方面別に設けられた市電の乗り場が見えます。変貌が激しい名古屋駅前周辺にあって、北東角にある東洋ビルは永らく昔のままの姿でしたが、ついに建て替えが始まりました。尚、看板にある東洋信託銀行は2002年にUFJ信託銀行に衣替えしました。
1610、1560、1614 1968/9/20

桜通の交差点に設けられたロータリーを貫いて、市電が走っていました。背景は有名な大名古屋ビルヂングです。1965年に完成したときは、そのネーミングが市民の間で話題になりました。このビルは2013年に解体されて、2015年に34階建ての新ビルが建設されました。左にあるナショナルの広告塔のある建物が東洋ビルです。
1400型 1968/9/20

ロータリーの中央にあった大噴水の脇を1603号が走っています。1984年、地下鉄桜通線の建設工事に伴って噴水と青年像は撤去されました。その後、1989年名古屋市制100周年を記念してモニュメント「飛翔」が設置されました。2022年、その「飛翔」も撤去されています。
1603 [15] 1968/9/20

市電の3番乗り場から北にある大名古屋ビルの方向を見ています。この日は早朝に雪が降りましたが、すぐに溶けてしまいました。
2024 [11] 1970/1/17

背景の毎日ビルなど駅周辺のビルには映画館が多数ありました。それも封切館で新作ものを上映するところです。筆者もジョン・ウェインの西部劇や石原裕次郎の活劇、吉永小百合の青春映画などを楽しみました。映画はここで2週間ほど興業したのち、今池あたりの二番館に移っていくのがパターンでした。2006年、毎日ビルは隣の豊田ビルとともに建て替えられ、47階建ての超高層ビル・ミッドランドスクエアに生まれ変わりました。昼間でも薄暗い深いビルの谷間に立つと、この場所に市電が走っていたことを想像することはまったくできません。日本中で最も風景が変貌した場所の一つです。
1430 [35] 1968/4/4

名鉄百貨店の入口に掲げられた大阪万博までのカウントダウン時計が時代を物語ります。
1560［臨］1968/4/4

右が近鉄の名古屋駅ビル、その隣に1967年開業の名鉄バスターミナルビルがあります。名鉄グランドホテルや名鉄百貨店の新館、メルサが入っています。
2604［3］1968/4/4

名古屋駅前を走っていた市電の系統板です。[3]系統は、駅前〜鶴舞公園〜平田町を経由する名古屋市電唯一の循環系統でした。
1634 [3] 1969/11/13

そう言えば、駅前にはこんな名物おじさんが居ましたね。
2020 1969/6/13

駅前の南側、笹島町の電停です。左端が新名古屋ビルの北館、右がその南館です。交差する錦通に面して、名古屋都ホテルが見えます。1963年に出来た時は、斬新なアルミ製の窓枠デザインが評判になりました。のちに都ホテルは撤退して、跡地にセンチュリー豊田ビルが建っています。
1316 1968/9/8

笹島町交差点の電停で撮影した連接車の2604号です。1940年の紀元二千六百年を記念して命名された型式です。全長18m、定員185名の巨体で、ラッシュ時に威力を発揮しました。
2604 [3] 1968/9/8

笹島町の交差点を曲がる[11]系統です。交差点の東南側から撮影しています。背景に白い6階建ての住友銀行ビルが見えます。このビルの高さあたりが市電の大きさと調和する限界のサイズではないでしょうか？現在ここには大手町建物の名古屋駅前ビルが建っていて、三井住友銀行やヤマダ電機などが入居しています。
1603 [11] 1968/9/20

同じく住友銀行ビルを背景に直進する連接車の2701号です。交通量が多くてなかなか全景を捉えることが出来ませんでした。懐かしいコロナのタクシーやいすゞTX型トラックが写真に花を添えています。
2701［臨］1969/6/24

笹島交差点の少し北から北方向の東側ビル群を見ています。右側セントラル劇場の看板があるのが新名古屋ビル北館、中央の角の丸いビルが豊田ビル、その奥が毎日ビルです。豊田ビルの屋上にはトヨタのロゴが描かれています。左端一番奥が大名古屋ビルヂングです。
1440［35］1968/9/8

新名古屋ビルの南館をバックに笹島町の交差点を曲がる1316号です。奥に見えるのが北館で、いずれも三井系の建物です。現在ここにはモード学園のスパイラルタワーが建っていて、三井のビルは交差点の南東角に移転しています。
1316 1968/9/8

現在上掲の場所に建っているスパイラルタワーです。左がミッドランドスクエアの超高層ビル。駅前は高層ビルが林立して息苦しい感じがしますが、笹島町の交差点にはサンクンガーデン式の広場があって陽が当たり、開放的な雰囲気があります。いずれにしても、浦島太郎の世界です。
2014/2/16

笹島町交差点の南側、下広井町方向の電停です。背景右の信泉ビルは、駅前ビル群の南端にあって、窓が大きく目立つ存在でした。東芝のカラーテレビやブルーバード、セドリックなどの広告塔が目を惹きます。高度経済成長期となった1960年代半ばには「3C」カラーテレビ、自動車、クーラーが「新・三種の神器」と呼ばれていた頃です。
1437 [35] 1968/9/8

広小路本町〜広小路伏見。三井銀行、住友銀行。
1650 [2] 1968/9/19

広小路通

名古屋の街は1600年代の初頭に、都市計画によって造られました。徳川家康が西国の防備のために名古屋城を造った時、かつて織田信長の時代に栄えた清洲の町をそっくり移転させた、いわゆる「清洲越し」がその起源です。城の南側には見事なまでに碁盤の目状の区割りがなされ、多くの商家が建ち並んでいました。広小路通は、町屋の区割りの南端にあった東西の通りで、名古屋で初めて市内電車が走ったところです。町はずれの笹島にあった(旧)名古屋駅と市の中心を結ぶために、1887年(明治20年)に拡幅、延長されました。その後、1898年(明治31年)に、市電の前身である名古屋電気鉄道によって、笹島〜県庁前(久屋町)正式名称栄町線が開業しました。市内電車が通ったお陰で、広小路通は名古屋の中心に位置する繁華街となりました。東京の銀座と同じく柳の並木が植えられ、「広ブラ」という言葉も生まれました。ここは主要な金融機関が軒を並べるビジネスの街でもあります。広小路通を走る市電に乗って、古い銀行の名前を探しに出かけましょう。

出発点はここ、栄の電停です。ここから東への路線はすでに1967年に廃止されていて、電停は交差点の西側に移されていました。遠くに武平町の電電公社マイクロウェーブ塔が、小雨にかすんで見えます。栄の北西角にある日本生命ビルに三和銀行の看板が掛かっています。その向こう北東角は、不思議なことにいつまでもビルが建たないことで有名でした。
1802 [2] 1968/9/19

広小路通を少し西へ行った呉服町交差点から、栄方面を見ています。左にある栄町ビルは2021年9月末で閉館し、再開発により解体中です。右の丸栄百貨店は2018年6月に閉店。跡地には「Maruei Galleria（マルエイ ガレリア）」が2022年3月に開業しました。
1812 [2] 1968/9/19

栄〜広小路本町を走っています。中央の大きなビルは日本交通公社。
2017 [11] 1968/9/19

現在は背の高いビルが増え、歩道の拡幅や柳に替えて植えたケヤキの成長などが重なって狭く感じますが、当時の広小路通は文字通り広々としていました。右奥から丸栄、明治屋、丸善、安田信託銀行の順に並んでいました。筆者のお気に入り、ツーマンカーの1600型が東へ走り去っていきます。終点が近いので、もう方向幕が稲葉地に変わっています。
1648 [2] 1968/9/19

広小路本町の電停です。バックは東海銀行の本社社屋です。1961年の竣工で、堂々とした白い建物が異彩を放っていました。現在も三菱UFJ銀行の名古屋中央支店として使われていますが、建て替えの話が出ています。車両は最古参の1300型1309号。
1309 [11] 1968/9/19

同じく本町電停の北西角にあった
大和生命ビルは、コーナーが丸みを
帯びた外観で知られていました。大
和生命は経営破綻してPGF生命に
吸収され、このビルは取り壊されて
駐車場になっています。車両は最新
の2000型2004号。
2004 [11] 1968/9/19

前掲写真から1筋西、長者町交差点を走る[11]系統です。柳の木の下で待っていると、先程の1309号が栄を往復して戻ってきました。背景にあるギリシャ神殿風の列柱を持ったビルは、中央信託銀行です。1926年(昭和元年)に旧名古屋銀行の本社として建てられました。名古屋市の都市景観重要建築物に指定、保存されています。
1309 [11] 1968/9/19

さらに西へ行くと、長者町と長島町通の間に野村證券の名古屋支社がありました。現在は7階建ての新ビルに変わっています。走っている市電は[2]系統、笹島町から駅方向へ曲がらずに、まっすぐ稲葉地へ向かう系統です。
広小路本町〜広小路伏見。
1650 [2] 1968/9/19

伏見通の交差点です。背景の東京銀行は、三菱と合併後の店舗整理で消滅。その跡地を含めて、隣に見える4階建ての電電公社ビルが、NTTデータの18階建て高層ビルに変身しました。画面奥に、冒頭の写真、三井、住友の両行が見えます。まさか隣同士の銀行が合併するとは……。
1806 [2] 1968/9/19

伏見通を越えて少し西へ行ったところです。三菱信託銀行の並びに同和火災海上のレトロな細長いビルがありました。現在この一角は建て替えが進み、このユニークなビルは残っていません。
1647 [2] 1968/9/19

饅頭で名高い納屋橋の電停です。背景はヤマハビル。ここには音楽関連の商品なら何でも揃っていました。筆者も掘り出し物の洋盤レコードを探しに、よく訪れた所です。
1561 [臨] 1968/10/16

納屋橋には映画館が数軒かたまっていました。背景の名宝スカラ座は外国映画の封切館です。一歩脇道に入ると飲み屋やちょっと怪しげな店がたくさんあって、歓楽街となっていました。尚、1966年までこの電停の名前は「納屋橋東」でした。「納屋橋東、名宝前」というアナウンスがあったように記憶しています。
1651［2］、1807［2］1968/9/19

堀川に架かる納屋橋を市電が渡っています。堀川は名古屋城築城と同時に掘削によって造られた運河で、工事を指揮したのは福島政則と伝えられています。初期の名古屋ご城下は、このあたりが西の外れになります。
1647、2017 [11] 1968/9/19

納屋橋から西へ少し歩くと、柳橋の交差点に至ります。ここで南北に走る江川線の市電と交差していました。現在この通りの上には名古屋高速の高架道路があり、このような広い交差点の風景は望めません。中央奥、「菊正宗」の広告の下に「廣寿司」の本店が見えます。名古屋一の老舗寿司店で、穴子の切り寿司が有名です。不幸にもこの本店は1971年に火災で焼失しました。
1806 [2] 1968/10/16

柳橋〜納屋橋間を市電とバスが並行して走っています。後方には名鉄グランドホテルが見えます。
1561［臨］1968/10/16

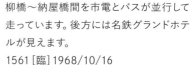

柳橋の交差点を渡ったところに富士銀行がありました。北西角の一等地ですが、現在は駐車場になっています。車両は「無音電車」と呼ばれた1800型の後期タイプ1826号です。1800型は、この路線に集中配置されていました。走行音が静かな弾性車輪を採用、全軸に外付けのドラムブレーキを装備しています。写真はワンマン化直後の姿です。
1826［2］1969/9/5

稲葉地車庫。1822 1969/6/25

中村線

笹島町から国鉄のガードをくぐり、西へまっすぐに延びていたのが市電中村線です。この線のルーツは1913年(大正2年)10月に、名古屋土地(株)という不動産会社が新規に開発した住宅地のために敷設した軌道です。起点は明治橋(笹島警察署前)、終点は公園前でした。当時、国鉄の名古屋駅は笹島町にあって、汽車は地上を走っていました。線路を越える往来のための明治橋があり、その西側のたもとから出発する独立した路線として開業しました。その後1926年(大正15年)に社名が中村電気軌道となり、さらに1936年(昭和11年)には名古屋市に譲渡されています。翌1937年に国鉄名古屋駅が現在地へ移転し、国鉄線が高架に移設されました。この時、笹島のガード下に市電の線路が造られて、広小路通に繋がったという歴史があります。

まずは前章の続きを少々。ここは広小路通、柳橋の電停です。この辺り、交差点の西側には高級なキャバレーがたくさんありましたが、貧乏学生には無縁の場所でした。
1829 [2] 1969/9/5

こちらは道路の南側にある三井物産のビルです。アーチが並ぶレトロな外観でしたが、現在は新しいビルに変わっています。車両は1800型の後期タイプですが、ワンマン化される前の姿です。
1823 1968/9/19

柳橋から笹島方面へ行った所です。富士電機が家電製品を造っていた頃の看板が見えます。第一證券は合併を繰り返して三菱UFJモルガン・スタンレー証券になっています。道路北側の建物を写していますが、この並びはすっかり建て替えられています。行き先が[臨]系統の稲葉地行きになっていますので、この付近で折り返していたと思われます。
1814 [臨] 1969/9/5

柳橋〜笹島町の間に、奇抜なデザインの日本相互銀行がありました。周囲がすっかり変わり、現在訪れても撮影場所を示す痕跡がありません。蟹のレストラン付近だと思います。ちなみに、日本相互銀行→太陽銀行→太陽神戸銀行→太陽神戸三井銀行→さくら銀行→三井住友銀行と変遷しています。写真は、太陽銀行になる直前に撮影しました。
1830 [2] 1968/9/19

笹島町の電停です。ビアホール・ミュンヘンの看板が見えるのは、新名古屋ビルの南館です。1803号の手前に、なつかしい初代マツダ・ルーチェのタクシーが写っています。
1803 [2] 1969/9/5

笹島町交差点から南側を見ています。市電の上の高架道路を名鉄バスセンターに出入りするバスが通っています。右上にバスセンターの巨大な排風機が並んでいます。
1559 [2] 1969/6/24

笹島のガードをくぐるところです。高架線路を80系の湘南電車が通過していきました。
1828 [2] 1969/6/24

笹島町西側電停から見た、名鉄バスターミナルビルです。6階には収容1,034座席を誇った映画館名鉄東宝がありました。
1825 1969/6/24

ガードを越えた西側にやってきました。ここから太閤通に入り、市電中村線になります。丁度新幹線と交差するところを撮ることができました。この当時は、もちろん団子鼻の0系です。笹瀬通の電停にある歩道橋から200mm望遠レンズで撮影しました。
1824 [2] 1969/6/24

笹島ガードの南西側から西方向を向いて撮影しています。背景の愛知信用金庫は今も同じ名前でこの場所にありますが、スマートな9階建てのビルになっています。
1808 [2] 1969/6/24

中央奥が笹瀬道の電停です。この付近には家具屋さんが軒を並べていました。笹島町〜笹瀬通。1558 [2] 1969/6/24

市電が横切っているのが笈瀬通で、大正時代までは押切町付近から流れてくる笈瀬川の川筋でした。農村だった頃は灌漑用水として使われ、都市化とともに暗渠化されています。尚、下流域は開削して中川運河になりました。
1558 [2] 1969/6/24

笈瀬通の電停です。画面の右方向が笹島方で、道路の北側を見ています。背景にパチンコ店が見えます。名古屋では電停ごとに店があると言われたほど、パチンコが盛んでした。しかし市電がなくなるのと時を同じくして、多くの店が郊外へ出て行きました。
1830 [2] 1969/6/24

43

太閤道三丁目の電停です。ここには中村区役所がありました。市電廃止後1989年(平成元年)に地下鉄桜通線が開通して、中村区役所駅になっていましたが、2023年に区役所が移転して、太閤通駅になっています。[2]系統は1800型が主力でしたが、珍しく1600型の車両が写っています。前面左上に2つの続行灯が見えるので、廃止された下之一色線から移ってきたことが分かります。
1671[2] 1969/6/24

ここは大門通です。1923年4月、手狭になった大須の旭遊廓を移転して、有名な中村遊廓が造られました。大門は廓を形成していた5つの町の中心にあった町名です。廓の土地を提供したのは中村電気軌道の親会社、名古屋土地です。
1821[2] 1969/6/25

大門通〜楠橋で撮影しました。現在、この付近は両側にずらりとマンションが建ち並んでいますが、当時このような高層マンションは非常に珍しかったので、特別に撮影した記憶があります。
1814 [2] 1969/6/25

中村公園の大鳥居です。高さは24mあります。鳥居をくぐって右へ500mほど歩くと、豊臣秀吉を祀った豊国神社に至ります。天下人となった秀吉の生誕地です。背景のビルの屋上に、オカダヤとJUSCOの文字が見えます。岡田屋の名称がJUSCOに改称された頃で、現在のイオンです。尚、現在店舗はアオキスーパーになっています。
1814 [2] 1969/6/25

市営化された時の終点は中村公園前（のちの中村公園）でしたが、戦後になって鳥居西通までの1区間が1955年（昭和30年）に開通しました。
1560 [2] 1969/6/25

さらにその先、鳥居西通〜稲葉地町の風景です。この1区間は、上掲の翌年に延伸された新しい区間で、美しい敷石が整然と敷き詰められています。画面奥が稲葉地町で、その先わずかに右へ曲がっているところが庄内川の新大正橋、名古屋市の西の境です。
1559 [2] 1969/6/25

前頁と同じ区間です。柳の並木が続いていました。
1806 [2] 1969/6/25

終点の稲葉地町です。手前の引き込み線が車庫に繋がっています。
1560 [2] 1969/6/25

稲葉地車庫です。トラスの骨組みが見える大きな屋根の建屋内には、点検用のピットと洗車機がありました。左には市バスの姿も見えます。
1804 1969/6/25

稲葉地車庫には1800型が集結していました。右の3両は最後までツーマンで残った前期タイプ、左端がスカートの付いた後期タイプでワンマン化直後の姿です。また、左の後期タイプは運転台中央窓が落とし窓構造になっています。手前にトラバーサが写っています。車両を平行移動させる装置で、必要な車両を取り出すことが出来ます。
1828、1805、1802、1812
1969/6/25

49

六句町。2025 [10] 1969/6/13

浄心

名古屋城の西側、主に西区を走る市電をご紹介します。堀川をはさんで旧御城下に接し、古くから市街地が形成されていた地域です。区内の枇杷島には江戸時代から続く青物市場があり、熱田の魚市場と並んで名古屋の食を支えて来ました。食品工業の会社が多数あることでも知られています。

章末に外堀通の写真も併せて掲載しました。

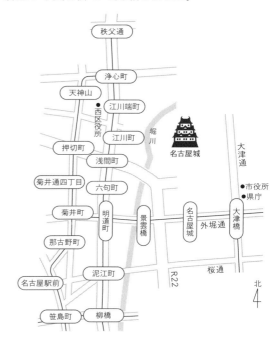

名古屋駅中央郵便局の角を北東に進むと、最初の電停、那古野町に至ります。右奥に名古屋駅の駅舎、中央奥に大名古屋ビルヂングが見えます。左に写っている[50]系統は、名古屋港と名古屋駅前を結んでいますが、大回りして北側の那古野町から駅前に向かいます。
1602[臨]、1460[50] 1968/9/15

上掲の場所で振り向いたところです。五叉路の交差点になっていて、線路はゆるくカーブして北上します。ここから先、押切町までの区間は、1901年(明治34年)に名古屋電気鉄道が開業した押切線です。広小路通の柳橋を起点に、江川線の志摩町を左折して、この交差点に出ていました。
1608[臨] 1968/9/15

次の電停、菊井町です。線路はT字になっていて、正面が外堀通で、明道町の方向へ分岐しています。背景の富士銀行一帯は建て替えられていて、オフィスビルやマンションになっています。その中で大垣共立銀行の場所には店外ATMがあって痕跡を留めています。
1605 [3] 1968/9/15

菊井町のT字路を直進する[臨]系統です。多客時の臨時便ではなく、浄心車庫～名駅の入出庫系統として運用されていました。用意されている系統板から、このあと名駅前発の[30]系統になることが伺えます。方向幕は、「名駅降車口」になっています。
2002 [臨] 1968/9/15

同じく菊井町です。外堀通から来た循環系統の[3]が、交差点を左折して那古野町へ向かいます。
1605 [3] 1968/9/15

菊井町〜菊井通四丁目です。この沿線は、次々と[臨]系統が走って来るので、大変便利な場所です。手前の1602号の行き先が大津橋になっています。浄心から出庫して菊井町で左折する入出庫系統です。
※以前は、同じルートの上飯田行[13]系統が設定されていました。
1602[臨]、1609[臨]1968/9/15

左の建物は、愛知女子高等学校の5階建て円形校舎です。同校は2009年に啓明学館と改称され、円形校舎も無くなりました。
1314[臨]1968/9/15

押切町の電停です。国道22号線との交差点の北西側を見ています。1941年(昭和16年)に名鉄の新名古屋駅が出来るまで、このあたりに西部方面のターミナル、押切町駅がありました。
1612 [臨] 1968/9/15

同じく押切町です。道路の西側から北を向いて撮影しました。
1602 [臨] 1968/9/18

押切町の北側、天神山へ向かう[11]系統を後ろから撮影しています。1600型は撮影当時ほとんどがツーマンカーでしたので、車掌さんが写っています。
1611 [11] 1968/9/18

天神山で線路は直角に曲がっていました。浄心から出てきた[11]系統の2000型がカーブを曲がっています。
2022 [11] 1968/9/18

前頁のカーブで、今度は東から見ています。1600型のコンパクトな車体がまわりの風景に溶け込んでいます。
1613 [11] 1968/9/18

浄心町の電停です。後ろは交通局浄心車庫の事務所で、その奥が車庫になっていました。
1613 [11] 1968/9/18

ここは市バス浄心車庫の出入口です。現在ここには巨大なマンションが建っていて、市バスはマンションに開けられた通路をくぐって出入りしています。
1613 [11] 1968/9/18

浄心車庫です。2600型の連接車が丁度良い位置に停まっていました。右の2000型には系統番号[15]が表示されています。この番号が浄心町〜名駅に設定されている本来の入出庫系統です。
2605 1968/9/18

浄心町の交差点です。走っているのは江川線の[10]系統です。このあたりには商店が軒を並べ、いつも賑わっていました。地名のいわれとなった浄心寺がすぐ近くにあります。
2025 [10] 1968/9/18

浄心町から江川線を北へ進むと、1つ目の電停が終点、秩父通です。途中に電停のない1区間だけですが、正式名称は浄心延長線と言い、1955年(昭和30年)に開業しました。
2011 [10] 1968/9/18

現在この道路の上には名古屋高速の6号線が高架で走っていますので、このような明るい風景は見ることができません。
秩父通。2011 [10] 1968/9/18

浄心から江川線を南へ歩きながら撮影を続けました。車窓からは間近に名古屋城が見える区間ですが、市電の入る良いアングルがなく、これが精一杯でした。
江川町〜江川端町。2000 1969/6/13

江川線を南の方向へ向かう[10]系統です。名古屋の道路はとにかく広いので、標準レンズでは市電が小さくなってしまいます。後方に名古屋地場の菓子メーカーの工場が見えます。
浅間町。2010[10] 1969/6/13

市電の走る市道江川線は、庄内川から熱田に至る用水路「江川」の川筋になります。大正から昭和の初期にかけて川は暗渠化され、市電が広い道路の中央を走るようになりました。
六句町〜明道町。2025 [10] 1969/6/13

六句町。 2005 [10] 1969/6/13

六句町の電停です。放課後の女学生が市電を待っています。制服から、さきほどの円形校舎の生徒さんと思われます。
2025 [10] 1969/6/13

明道町の交差点です。ここで菊井町から来る外堀通の路線と交差しています。
2003 [10] 1969/6/13

南側から見た明道町の交差点です。このあたりは「新道(しんみち)」と呼ばれ、日本でも有数のお菓子の問屋街があります。小学生の頃、遠足の前などにお菓子を買いに来たことがあります。
2023 [10] 1969/4/30

円頓寺商店街のアーケード前を走る[10]系統です。ご城下を通る京町筋を西へたどり、五條橋で堀川を渡ると、この商店街に至ります。映画館などもあって、にぎやかな所でした。近くには、土蔵造りで有名な四間道(しけみち)があります。
2023 [10] 1969/4/30

泥江町の電停です。右奥、旧塗装の国鉄バスが走っているところが桜通です。名古屋駅までごくわずかの地点です。[10]系統には2000型が主に投入されていました。この車両は、電照式系統板の文字が角張ったデザインになっています。
2020 [10] 1969/4/30

1913年(大正2年)、当時離宮となっていた名古屋城と(旧)名古屋駅を結ぶ御幸道路が整備され、柳橋〜志摩町〜明道橋〜本町御門のルートで路線が開通しました。外堀通の景雲橋は、その時新しく堀川に架けられた橋です。後方に城門に続く石垣が見え、左手が堀川に向かって下り坂になっています。
景雲橋。 1533 [81] 1969/4/30

開府の祖、家康公を祀る名古屋東照宮の横を走ります。
名古屋城〜景雲橋。 1611 1969/4/30

背景はお城をイメージした愛知県庁です。天皇御大典を記念して1938年（昭和13年）に建てられました。鉄筋コンクリートに瓦屋根という異色のスタイルで、国の重要文化財に指定されています。
大津橋〜名古屋城。 1531 1969/4/30

外堀通の北側から、テレビ塔を望んでいます。
大津橋。 1314 1969/4/30

column
お堀を走った瀬戸電

「尾張名古屋は城で持つ」と言われた天下の名城、名古屋城は市民の誇りです。天守に輝く金の鯱のみならず、広大な敷地や城構えは見る者を圧倒します。その名古屋城の外郭に土塁と空堀の外堀があって、その中を名鉄瀬戸線の電車が走っていました。一般には瀬戸電と呼ばれて親しまれているこの路線は、陶都瀬戸から大曽根を経由し、お城の東口に当たる土居下から外堀の中へ入り、東南角で直角に曲がって大津町から終点堀川に向かっていました。堀川まで開通したのは1911年（明治44）年です。当初は陶器の輸送が目的で、終点で堀川の水運に繋げていました。市電はお堀の南側にある外堀通を走っており、東外堀町から景雲橋にかけての区間では瀬戸電と併走していました。

のんびりと単行で走る喜多山行き電車。乗客の多くは市電や地下鉄に乗り換えるために、大津町駅で乗降していました。土居下〜大津町。1968/1/26

終点の堀川駅です。瀬戸電の外堀区間は1976年に廃止され、1978年8月に土居下（現東大手）から南下する地下線の完成によって、直接栄町に乗り入れるようになりました。1969/4/30

←
外堀の中を走る瀬戸行き電車。右上、崖上の道路が市電の走る外堀通です。
堀川〜本町。2101 1969/4/30

名古屋城は熱田台地の北端に位置していて、土居下から北側は低地になっています。戦前には陸軍の練兵場があって、戦後生まれの筆者も薬莢を拾って遊んだ事があります。少し雨が降ると一面池のようになる湿地でしたが、現在は綺麗に整備されて名城公園になっています。

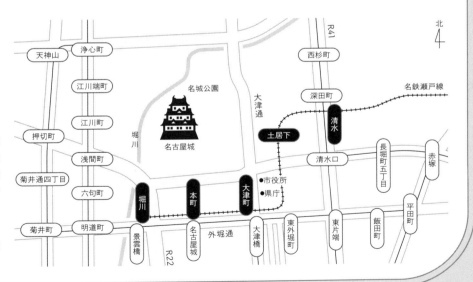

水主町。1462 [50] 1968/10/16

柳橋から八熊通周辺

前章に続き、江川線を柳橋から南下して、日比野へ至る区間をご案内します。併せて隣接する沢上町〜八熊通(やぐまどおり)の区間もご紹介します。柳橋から日比野に至る路線は、1911〜1912年即ち、明治の末から大正元年にかけて開通した比較的古い路線です。沿線は堀川の水運で発展した古くからの市街地であったことが伺えます。一方、沢上町〜八熊通は戦時中、1943年の開業です。

泥江町〜柳橋を走る[50]系統です。高速環状線が出来るはるか前の姿で、市道江川線は陽当たりが良く、実に広々としていました。後方は、再開発によって建設された花車ビルの南館で、撮影した1968年10月の竣工です。その奥では中館が建設中で、さらに北館があります。※ビルは今も健在で、ランチの人気スポットになっています。
1533 [50] 1968/10/16

泥江町。 2016 [臨] 1968/10/16

柳橋交差点東南角のガーデンビルは、当時壁が茶色で、屋上に大きな広告が載っていました。
2029 [10] 1968/10/16

八角堂前〜水主町です。東陽倉庫の巨大な建物を入れたので市電が小さくなりました。その後ろは製材所です。
2004 [10] 1968/10/16

八角堂前。 2015 [10] 1968/10/16

水主町の電停から南の方角を見ています。
遠くに松重閘門の塔が見えます。撮影の
途中で、たまたま故障車に遭遇しました。
1524 [80] 1968/10/16

クレーン車が出動してきました。仮の台車が用意されて、故障した車両を牽引するところです。後方に何両もの市電が数珠つなぎになっています。左手、東海銀行のある場所が水主町の交差点です。現在はチャペルのある結婚式教会が建っています。
1533［臨］1968/10/16

松重閘門は中川運河と堀川の水位を調節して、船舶を通すために造られました。水門を昇降させる一対の錘（おもり）が、2つの塔に収納されています。撮影当時は現役でしたが、1976年に役目を終え、名古屋市の都市景観重要建築物に指定されています。松重橋は堀川に架かる別の橋で、市電が渡っているのは南北橋と言います。
日置橋〜山王橋。
1665 [80] 1968/5/22

山王橋の電停です。江川線は堀川のすぐ西側を堀川に並行して走っていて、日置橋、山王橋、古渡橋、尾頭橋と堀川に架かる橋の名前に因む電停が続きます。
2001 [10] 1969/5/22

古渡橋です。背景に見えるのは、製材会社の煙突です。当時の製材所には木材の乾燥工程で使うボイラーがあり、煉瓦造りの煙突を備えているのが特徴でした。燃料には主に廃材やおが屑を使っていました。堀川沿いに走る市電の沿線には水運を利用した材木関連の会社が多数あり、何本もの煙突が見られました。中でも古渡橋にあった「材惣木材」の煙突は巨大で、印象に残っています。三角屋根の工場の北側には、堀川の水を引き込んだ貯木場がありました。
1644 [10] 1969/5/22

古渡橋〜尾頭橋。古渡橋の南にある国鉄と名鉄線のガード下で、2000型がすれ違っています。
2000［10、臨］1969/5/22

尾頭橋。1515［80］1969/2/1

ところ変わって、ここは沢上町交差点の西側にある電停です。右後方が大津通との交差点です。沢上車庫から少し離れていますが、乗務員の交替風景が見られました。背景の壁に東郷元帥が描かれています。いかにも強靭そうな名前の「東郷ハガネ」を販売する河合鋼材(現カワイスチール)の店舗です。
1419 [51] 1969/5/22

沢上町から西方を見ています。ねじやパイプなど鋼材関連の商店が何軒か並んでいました。この付近は元々鍛冶職人の町だったそうです。背景は大阪に本店があった幸福相互銀行です。この建物はすでになく、銀行本体は、幸福銀行→関西さわやか銀行→関西アーバン銀行→関西みらい銀行に変わっています。
1403 [51] 1969/5/22

新尾頭町です。ここで前方の伏見通を横断します。停車しているのは[51]系統の区間運転で、系統板のところに「市大病院ー八熊通」と書かれています。この系統に使われていた1600型は、ツーマンカーでした。
1619 1969/5/22

新尾頭町から八熊通にかけては下り坂になっています。背景は住吉神社です。享保年間の1734年に、航海の神様を大阪の住吉大社から勧請したのが始まりです。社殿前には名古屋最古と言われる狛犬が鎮座しています。
1618 [2] 1969/5/22

坂道の途中で、堀川に架かる住吉橋を渡ります。写真では見えませんが、3連のアーチ桁が特徴の立派な橋です。1937年に竣工しました。
1408 [51] 1969/5/22

八熊通の交差点に戻ってきました。[51]系統は元々西稲永行きでしたが、1969年2月に日比野〜名古屋港が廃止されたのに伴い、熱田駅前行きに変更されていました。
八熊通の交差点の北東から西南を向いて撮影しています。右奥の名古屋相銀は名古屋銀として健在です。1969/2/20に港車庫前を通る区間が廃止された関係上、[51]が西稲永行きから熱田駅前行きに変更されています。八熊通で熱田駅前行きが南下するのは不思議に思えるかも知れませんが、[51]は桜山町→八熊通→日比野→船方→熱田駅前という大回りの経路になっていました。
1403 [51] 1969/5/22

同じく八熊通の電停です。右が沢上町方面で[51]系統が右折して行きます。画面奥が北方向で、尾頭橋のガードが小さく見えています。
1461 [51] 1969/1/26

中央卸売市場前〜日比野。八熊通から再び江川線を進みます。日比野の北側では、国鉄貨物線との平面交差が見られました。この鉄道は笹島から名古屋港へ向かう名古屋臨港線の支線で、白鳥の貯木場や中央卸売市場の構内に入っていました。1969年1月の撮影なので、西稲永行きの[52]系統が走っています。
1460 [52] 1969/1/26

日比野の電停です。地下鉄名港線が工事中でした。
2011 [2] 1969/11/8

大津通

名古屋ご城下と東海道の宿場町であった宮(熱田)を結ぶ線路は、江戸時代からの幹線道路である本町通に敷設されるはずでした。ところが本町筋の商店街が道路の拡幅に反対したため、大津通経由になりました。1908年(明治41年)に名古屋電気鉄道によって、栄町〜熱田伝馬町が開通しています。栄町〜大津橋は1924年(大正13年)、名古屋市による開業です。その後、広小路通と大津通が交差する栄町は、名古屋一の繁華街になりました。町の発展にとって、市電が果たした役割は大きかったと思います。

栄町の交差点、オリエンタル中村百貨店(現名古屋三越)です。東京オリンピックが開催された1964年に撮影しました。当時高校生だった筆者にとって、東京オリンピックは戦後の混乱期が終わり、日本の未来を象徴する輝かしいイベントでした。栄町は1966年の住居表示変更により、栄に改称されています。
1964/5/10

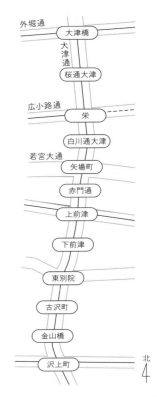

地下鉄名城線の工事現場です。テレビ塔の真下に地下鉄を通すために、軟弱な地盤に薬剤を注入する工法が話題になりました。後になって写真をよく見ると、塀の向こうにボンネットバスが写っています。山田町平田行きの系統と思われます。
1964/5/2

前頁の写真から4年が経過、大津橋〜金山橋の区間は、1968年1月末日限りで廃止されました。覚王山線に続く幹線系統の廃止は衝撃的で、事の重大性にやっと気がついた次第です。雨の中、あわてて撮影に出掛けましたが、あまり良い写真は撮れませんでした。
ここは大津橋の交差点、後方右側に屋根瓦のある愛知県庁と名古屋市役所がかすんでいます。
1463 [52] 1968/1/29

栄交差点を北へ向かう港車庫所属の1400型 [52] 系統です。
1472 [52] 1968/1/29

大津橋の電停です。後方に初寿司の
看板が見えます。
1904 [臨] 1968/1/29

名古屋市電を代表する車両の1400型です。昭和12年から17年の戦前期に、合計75両が造られました。コーナー部が丸みを帯びた優雅なデザインで、張り上げ屋根が特徴です。[20]系統は沢上車庫の担当でした。大津橋。1422 [20] 1968/1/29

桜通を渡る3000型連接車です。このあたりは、旧碁盤割街区の一角で、1966年までは東桜町と呼ばれていました。手前に写っているのは、コンテッサ1300セダン、日野自動車が製作したリアエンジンの乗用車です。
桜通大津。3000 1968/1/29

この区間は、名古屋のシンボル・テレビ塔が良く見えます。幹線筋なので、各方面へ行く4本の系統が走っていました。[20]大津橋〜名古屋港。[21]大津橋〜昭和町、[22]上飯田〜熱田神宮前、[52]大津橋〜西稲永。尚、栄から南側には、もう1つの系統がありました。[31]栄〜笠寺西門前です。
1535 [52] 1968/1/29

松坂屋の屋上から栄方面を見ています。デパートの屋上から俯瞰するというアイディアは良かったのですが、夕方で太陽が傾いており、きれいな写真が撮れませんでした。廃止の間際ではなく、余裕を持って撮影することの大切さを痛感しました。
白川通大津。1968/1/28

同じく、南側の矢場町方面です。電停は白川通大津ですが、1966年5月までは南大津通という名前でした。名古屋では電停名に2つの通りの名前を重ねる方法になじみが無く、しかも大津通の上にある電停を白川通大津と呼ぶことに、大変違和感がありました。
1600型他 1968/1/28

矢場町から北の方角を見ています。左奥のビルが松坂屋デパートです。1925(大正14)年に建てられ、名古屋大空襲をくぐり抜けています。
1424［臨］1968/1/28

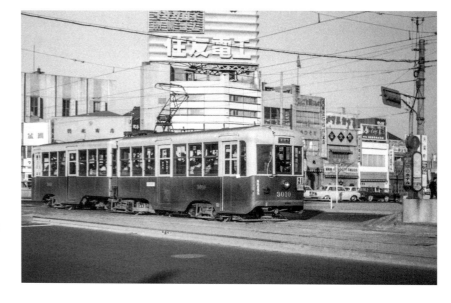

矢場町の電停です。近くには名古屋名物の味噌カツで有名な「矢場とん」本店があります。
3010［21］1968/1/28

東別院の交差点です。背景に御坊様の名前で親しまれている真宗大谷派東別院が写っています。すでに敷地の一角に名古屋テレビの社屋が建っていて、門前にあった大きなスロープも無くなっていました。
1917 [21] 1968/1/28

金山橋を渡る[21]系統。奥が北方向になります。昔は、名鉄の金山橋駅が坂の下にあって、大津通から分岐した市電の線路が駅前に続いていました。筆者は就学前の幼児でしたが急な坂道を2軸の市電が走っていたことを、鮮明に覚えています。
1910 [21] 1968/2/20

大津橋〜金山橋が廃止された後、金山橋が熱田方面への起点になりました。これは橋のほぼ真上に造られていた電停です。地下鉄名港線が建設中でした。
1404 [21] 1969/12/9

大津通を南下する[21]系統です。大津通を走る市電熱田線は、金山橋のすぐ南にある沢上町で、八熊東線と交差します。
3004 [21] 1968/2/20

沢上町の南側に沢上車庫がありました。構内の全景です。手前に写っているレールは、車両の入れ替えに使うトラバーサの軌道です。沢上車庫のトラバーサは巨大で、敷地一杯をカバーしていました。
1922, 1659, 1909 1969/3/6

1900型のラストナンバー、1922号です。1900型は名古屋市が誇るいわゆる「無音電車」1800型の改良形で、スカートのある外観が特徴です。全車、沢上車庫に所属して、[20], [21], [22]系統に充当されました。
沢上車庫。 1922［臨］1969/3/6

開橋〜昭和町　後方に三菱倉庫。1640 [61] 1969/4/23

熱田から昭和町

前章「大津通」の続きになります。沢上町から熱田神宮を通り、内田橋から先は南陽通を経由して昭和町に至る区間です。栄町から南進した名古屋電気鉄道の熱田線は1908年(明治41年)9月に東海道の宿場町、熱田伝馬町に到達しました。ここから南側の区間は海面を埋め立てた五号地になります。市電は、戦時中の1944年になって六号地(大江町)まで開通しました。

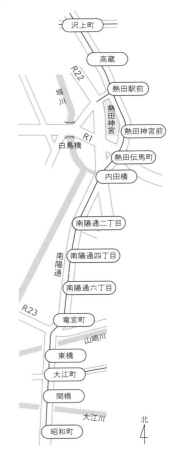

沢上車庫の前から北側、沢上町交差点方向を見ています。手前は車庫に入る引込線です。
1422 [20] 1969/3/6

上掲の場所から南、高蔵方面です。ここには、古墳群で知られる「高蔵遺跡」があります。1907年(明治40年)に線路を敷設するため、大津通を拡幅する過程で発見されました。石器の出土や貝塚もある日本有数の複合遺跡です。
1422 [20] 1969/3/6

高蔵の電停です。車両は撮影の前月に廃止された下之一色線からの転属車、1544号です。下之一色線と時を同じくして、日比野〜名古屋港も廃止されました。このため[20]系統の行き先が名古屋港から西稲永に変わっています。
1544 [20] 1969/3/6

さまざまな商店や小さな会社が軒を並べていました。現在はマンションや駐車場が目立ちますが、活気がなくなったような気がします。
熱田駅前。 1904 [21] 1969/3/6

鉄道唱歌第33番
♪めぐみ熱田の御やしろは
　三種の神器の一つなる
　その草薙の神つるぎ
　仰げや同胞四千萬
歌が作られた明治時代には人口わずか
四千万、少子化恐るるに足らず？？
[21]系統の1900型が、延々と続く熱田
神宮の森をバックに走っています。
熱田神宮前。1911 [21] 1969/2/2

同じく熱田神宮前です。名鉄の神宮前駅は、国鉄よりも遥かに乗客が多く、駅前に広場があって、多くのバス系統が集まっていました。参拝客目当ての商店街が形成されています。
1906 [21] 1969/2/2

名鉄神宮前駅は木造平屋建てでした。
1903 [21] 1969/2/2

神宮の鳥居を入れて撮影しました。
1422 [21] 1969/2/2

大津道とR1号線の交差点です。一筋南に旧東海道が通り、宮の宿を形成していました。宮は、2つの本陣と旅籠248軒を擁する東海道で最も大きな宿場でした。近くに海上七里、桑名への船着場跡があります。
熱田伝馬町。1911 [21] 1969/2/2

内田橋の交差点です。ここで、大津通と伏見通が交差しています。加えて、国道1号線から港周辺の工場へ出入りする車が流入し、渋滞の名所でした。
1418 [21] 1969/4/23

内田橋～南陽通二丁目です。左が南方向で、背景は道路の西側になります。小牧市に本店がある東春信用組合は、1966年(昭和41年)から内田橋に支店を開設していましたが2002年に閉鎖。後方に、数々のファッションブランドを展開する「あかのれん」の旧内田橋店が写っています。
1701 [21] 1969/4/23

さらに南へ進んだところで、市電は東海道新幹線のガードをくぐっていました。新幹線のスピードが速く、なかなか両者を同一画面に入れるのは困難を極めました。内田橋〜大江町にかけての区間は、戦時中に建設されています。港周辺の軍需工場へ通勤するための延伸です。内田橋〜南陽通二丁目。
1422 [21] 1969/4/23

南陽通四丁目の電停です。堀川の左岸に沿ったこの付近には、多くの合板工場がありました。背景は業界大手の「中村合板」です。筆者は、小学生の時に、社会見学で訪問したことがあります。おみやげに画板をもらいました。1977年に会社は倒産、解散しました。
1705 [21] 1969/4/23

南陽通6丁目です。ここには広大な貯木場があって、上掲の合板などに使う大量の木材が保管されていました。1959年、伊勢湾台風の時には木材が流出して、甚大な被害が出ました。
1426 [21] 1969/4/23

市電の走る南陽通のすぐ西側、堀川の堤防沿いに、かつて熱田電気軌道が1910年(明治43年)に開業した別の路線がありました。同社は終点の東築地で水族館を経営しており、その門が竜宮城を形取ったものでした。竜宮町の名前の由来と言われています。

竜宮町の電停です。堀川と山崎川が合流する地点に、大同製鋼の築地工場があります。工場は今もありますが、背の高い煙突は姿を消しました。また目の前を、名四国道と高速4号東海線がともに高架で走っていて、工場の全景を見ることはできません。
1915 [21] 1969/4/23

大江町の電停です。以前は埋立地を表す「六号地」という電停名でしたが、1960年7月に改称されました。この近くに「大江」という電停が別にあり、[33]系統の終点だったので、混乱を招きました。同日、元の大江は港東通に改名されています。車両は1150形の1155号です。登場時は床面の高い高床車でしたが、撮影時は通常の高さに改造されていました。尚、同型車がオリジナルの高床形状で豊橋鉄道へ譲渡されています。※コラム参照。
1155 [61] 1969/4/23

ここから南へは、今池から来る[61]系統が合流します。その[61]系統が東から合流するところです。後方は名鉄築港線の東名古屋港駅です。市電との平面交差も見られました。
1155 [61] 1969/4/23

三菱重工大江製作所の前を走る[21]系統です。三角屋根の建物がノコギリのように繋がっています。数えたらノコギリの目は15ありました。工場は現存していますが、高速4号東海線が道路の真上を走っています。
大江町～開橋。　1915 [21] 1969/4/23

開橋を渡る[21]系統です。この橋は可動橋のような名前ですが、普通の橋です。冒頭の写真もここで撮影しました。
1915 [21] 1969/4/23

終点の昭和町です。1926年(大正15年)7月に完成した埋め立て地で、七号地に相当します。同年12月に昭和に改元されたことから、この名前が付きました。市電の開通は戦後になってからで、六号地(大江町)〜開橋が1957年、開橋〜昭和町が1961年です。後者は名古屋市電における最後の新設区間です。
1920 [21] 1969/4/23

昭和町は人工的に造られた埋立地なので、線路がまっすぐに敷設されていました。
1423 [21] 1969/4/23

1400型は合計75両が製造されましたが、そのうちの6両は1500型と同じく、張り上げでない屋根になっています。これは戦災や事故で焼損した車両を 1500型の車体で復旧したためです。細かい話ですが1500型とは異なり、ドア前方の側窓にRが付いています。写真はその1両、1423号です。
昭和町。 1423 [21] 1969/4/23

column
豊橋へ行った名古屋市電

三河地方の中核都市、人口37万人の豊橋市には市内を走る路面電車が健在です。豊橋鉄道が運営する全長5.4kmの小規模な路線ですが、1925年からの長い歴史があります。全国の多くの都市から路面電車が縮小あるいは廃止される中にあって、低床式連接車の導入や豊橋駅の駅前広場に新線を延長するなど優れた取り組みが評価されています。1960年代当時、豊橋鉄道市内線の車両はすべて他社から譲渡されたものでした。その中には名古屋市電の姿もありました。名古屋で乗ったことは記憶しているものの、早期に引退したため写真を撮ることが出来なかった形式の車両が、豊橋では見ることが出来ました。

豊橋鉄道3704号、元名古屋市電の1200形です。昭和初期の1927～28年に造られた名古屋市電初の半鋼製大型車両で、リベット接合の武骨な外観が特徴です。名古屋では同様の外観を有する長尺の1300形が1971年まで走っていましたが、1200形は早期に引退していました。豊橋へは4両が譲渡され、レトロ電車として市民に親しまれました。1976年に廃止された柳生橋支線の松山で撮影。
1969/2/26

豊橋鉄道3805号、元名古屋市電の900形です。呉市電の注文流れを名古屋市が購入して、「クレ」の900形としたと言われています。堺市にあった木南車輛が1943〜44年に製造しました。呉市の仕様で前後扉が折戸で納入されましたが、後に外吊りの引戸に改造されました。極めてユニークなスタイルをしています。
豊橋駅前。1969/2/26

豊橋鉄道3901号、元名古屋市電の1150形です。名古屋市電の主力形式、1400形を一回り大きくした形状で、床面の高い高床車であることが特徴です。ほとんどの車両は1950年代に標準床へ改造されたので、60年代の名古屋ではオリジナルの姿を見ることは極めて稀でした。豊橋へ譲渡されたのは2両で、いずれも改造を受けなかった高床車です。
豊橋駅前。1969/2/26

大須〜上前津。 1515 [80] 1968/9/11

大須

笹島町から六反小学校前を経由して、水主町、大須方面に通じていた路線をご紹介します。大須は、江戸時代から400年の歴史がある繁華街で、1911年(明治44年)には、新栄町から上前津に至る路線が門前町(大須)まで延伸されています。市電が廃止された1970年代には一時衰退していましたが、最近新たなオタク文化の発祥地として脚光を浴びるようになりました。

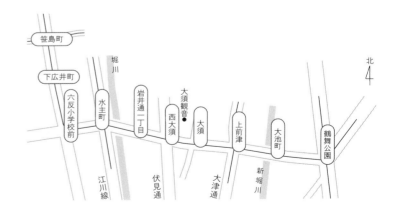

名古屋駅前から笹島町を過ぎて、南へ行くと下広井町です。1967年に開業した名鉄バスセンターからの誘導路が左に見えます。右に見える点線の先は、百メートル道路の若宮大通につながっています。
1560 [30] 1968/9/8

下広井町にある日本通運名古屋支店の前を、古豪の1300型が走っています。この線には、循環の[3]、堀田駅行き[30]、新瑞橋行き[35]の3系統が走っていました。
1312 [3] 1968/9/8

市電の走る通りの西側に、国鉄と名鉄線の走る高架が延々と続いています。名古屋駅が笹島から現在地に移ったのが1937年で、同年に市電が延長されましたが、写真の区間はその3年後、1940年に開業しています。左は名鉄電車。名鉄線は笹島のガードを越えた北側で地下線になり、名鉄名古屋駅(当時は新名古屋駅)は百貨店の地下にあります。
1436 [35] 1968/9/11

六反小学校前の電停です。電停名の六反小学校は、1906年(明治39年)からの歴史がありましたが、2010年(平成22年)に廃校となりました。現在のバス停名は六反公園です。
1613 [3] 1968/9/11

六反小学校前で市電は90°向きを変えて、東へ向かいます。通りの北側には背の高い瓦屋根の住宅が並んでいました。
1606 [30] 1968/9/11

水主町(かこ)の交差点です。八熊通行きの[80]系統が、左折しています。難読名の水主町は堀川沿いに水夫(かこ)の役宅があったことが由来と伝わっています。
1511 [80] 1968/9/11

堀川にかかる岩井橋を市電が渡ります。この橋は、大須(門前町)〜水主町の市電開通に合わせて、1923年(大正12年)に竣工しています。橋の側面、アーチ桁の上には、渦巻き状の飾り板が付いています。戦前から存在する飾り板は大変珍しいものです。また、右側にある石段は、荷揚げ場の遺構です。
1518 1968/9/11

岩井通一丁目の電停です。背景は白山神社で、緑の少ない市内では珍しく、こんもりとした森になっていました。
1315 [3] 1968/9/11

西大須の南東角には屋内スケート場があって、四季を問わず滑走を楽しむことができます。伊藤みどりさん、浅田真央さんもここで練習しました。向かいのボウリング場の前に、市電が写っています。
1606 [3] 1968/9/11

大須観音参詣の最寄り電停、西大須です。大須観音は、「清洲越し」で名古屋の町ができた時に、岐阜羽島の大須からこの地に移転してきました。
1436 [35] 1968/9/11

大須門前町の入口、大須電停です。大須観音のほかに、万松寺（ばんしょうじ）、総見寺（そうけんじ）、七寺（ななつでら）など多くの寺院が近隣から集められ、寺町を形成しています。大須界隈はその門前町で、同時に商業の中心、歓楽街としての顔も持っています。冒頭の写真は、一筋東の裏門前町通りで撮影しました。
1523［80］1968/9/11

上前津の交差点、奥が西方向になります。ここは坂道の頂上になっています。ここに立つと、名古屋ご城下が台地の上に形成されていることが分かります。
1515［80］1968/9/11

上前津の交差点から東方面は、下り坂になっています。南側にあるビルはマツダの販売店で、ユニークな広告塔が目を引いていました。
1439 [35] 1968/9/11

坂の下に新堀川があり、市電は記念橋を渡ります。新堀川は旧精進川の河道を改修して開削した運河で、1910年（明治43年）に完成しました。熱田港の近くで堀川に合流しています。現在は高層マンションが多数建てられていますが、当時は両岸に材木問屋が並んでいました。
大池町。 1511 1968/9/11

[30]系統の主力、2000型の勇姿を大池町で撮影しました。走行性、静粛性において、日本の路面電車史を飾る最高傑作と言われています。すっきりした窓配置とZパンタを載せた外観は、1950年代の製造とは思えない斬新なデザインです。クーラーを搭載すれば、高性能電車として現代でも十分使用できる車両です。
2025 [30] 1968/9/11

大池町には名古屋商工会議所のビルがあ
りました。1923年(大正12年)の竣工で、
列柱のある鉄筋コンクリート造り、銅板葺
きの堂々たる建物です。名商の機能は、
撮影の前年1967年に、白川町(伏見通)へ
移転していました。
1501 [80] 1968/9/11

大池町から東を見ています。この先のつきあたりが、鶴舞公園です。名古屋の道路は戦災後に整備された箇所が多いのですが、この区間は1920年(大正9年)に制定された都市計画法に基づいて、拡幅されています。1924年(大正13年)に完成した時は、名古屋で一番広い道路と言われました。
1451 [35] 1968/9/11

鶴舞公園から堀田

前章「大須」の続きです。大池町から東に進むと鶴舞公園の交差点に出ます。鶴舞公園は1909年(明治42年)に造成された名古屋初の西洋式公園で、正しくは「つるまこうえん」と呼びます。翌1910年に鶴舞公園で関西共進会が開催されました。その時の観客輸送のため、上前津〜鶴舞公園〜新栄町に開通したのが公園線です。鶴舞公園には東新町と高辻を結ぶもう一つの路線があります。公園から北側が高岳延長線、南側が東郊線です。こちらは大正年間になってから開業しています。東郊線を南に辿ると高辻、さらに堀田駅に至ります。

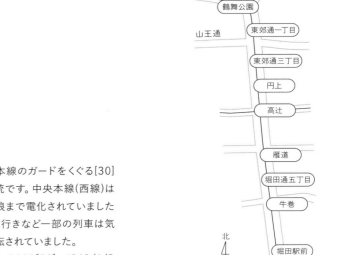

国鉄中央本線のガードをくぐる[30]と[35]系統です。中央本線(西線)はすでに瑞浪まで電化されていましたが、中津川行きなど一部の列車は気動車で運転されていました。
1446[35]、2000[30]、1968/6/5

鶴舞公園の交差点です。右が国鉄鶴舞駅、こちらの駅名は「つるまい」です。新栄町方面から来た[80]系統が大池町方面へ曲がります。
1647 [80] 1969/5/17

変則交差点の北側、東新町方面から連接車の3000型が、堀田方向へ直進して行きます。
鶴舞公園。3001 1969/5/17

鶴舞公園の歩道橋の上から1300型を撮影しました。この古い電車は[33]や[34]系統で良く見かけました。
1301 1968/6/5

鶴舞公園の北東側、大学病院前です。後方は、名古屋第一工業高校の校舎で、"一工"の文字が見えます。同校はのちに中部工大(現中部大学)の付属校になり、日進町(現日進市)に移転しました。
1516 [80] 1968/6/5

139

鶴舞公園〜大学病院前の1区間は、拡幅された市道葵町線を通っていました。銀杏並木の続く分離帯があって、新緑の頃は気持のよい風景が広がっています。
大学病院前。 1667 1969/5/17

大学病院の北側で広い道路をそれて、線路は左側の狭い道路を老松町へと続いています。
1511 [80] 1968/6/5

ここから先、新栄町にかけては極端に道幅が狭くなります。
大学病院前〜老松町。
1650 [80]、1630 [3] 1969/5/10

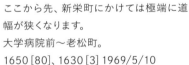

老松町(おいまつちょう)は100m道路の若宮大通との交差点の中に電停がありました。写真左奥に見えるのが高架になった国鉄中央本線です。戦前には矢場町から若宮大道を東進する市電の路線があり、この先にあった踏切の手前で「千早町(ちはやちょう)」の終点になっていました。
1501 1968/6/5

老松町から再び狭い道に入ります。この道はそのまま残っていますが現在は両脇に歩道が設けられて、より一層狭くなっています。市電の線路のあったことが想像できません。
老松町〜白山町。
1648 [80] 1969/5/10

市道葵町線を斜めに横切る[3]系統です。道路中央のグリーンベルトに開口部があり、市電のみが通行できるようになっていました。奥に見える建物は老松町の巨大な市営住宅です。
老松町〜白山町。
1315 [3] 1969/5/10

[80]系統の南行き、鶴舞公園経由の八熊通行きです。交差点には地元のパン屋さんのお店がありました。赤電話が店先に見えます。
白山町。1667 [80] 1969/5/10

交差点の南側から見た新栄町の電停です。左手にたばこ屋を併設した、パン屋さんがありました。大須ういろの看板も上っています。協和銀行の前が広小路通ですが、路線は2年前の1967年に廃止されていました。
1665 [80] 1969/5/10

ところ変わって、こちらは鶴舞公園と東新町を結ぶ、高岳延長線です。前頁の公園線のすぐ西側を通っています。1923年(大正12年)、都市計画によって造られた十三間幅(24m)の道路上に、市電が開通しました。
瓦町。3001 1969/6/20

全長18m、定員150名を誇った連接車の3000型車内です。ラッシュ時を過ぎていて、車内は閑散としていました。
瓦町。3001 1969/6/24

高岳延長線の丸田町です。写真の車両は高床車で知られる1050型の1054号です。ドアが開いているので、ステップが2段になっていることが分かります。
1054 1968/6/5

同型の1051号を鶴舞公園で撮影しました。こちらはドアの閉まった姿です。外観的には1400型と良く似ていますが、床面が高いため台車周辺の形状が異なるほか、背の高い印象を受けます。
1051 [3] 1968/6/5

ここから東郊線を南へ向かいます。鶴舞公園〜東郊通一丁目では、「電タク」のマークでおなじみの愛電交通の社屋が目立つ存在でした。
1604 [30] 1968/6/5

東郊通一丁目の電停です。女生徒の右側に、ユニークな形状のプリンス・グロリアが停車しています。
1429 [33] 1968/6/5

東郊通の一帯は明治期まで大根畑が広がる農村地帯でした。1909年(明治42年)に鶴舞公園が造成されたのをきっかけに市街化が進み、1921年(大正10年)に至って名古屋の市域に編入された歴史があります。市電は1923年(大正12年)に、小針(東郊道一丁目)～牛巻が最初に開通しています。
東郊通三丁目。 1302 [34] 1969/6/5

3000型連接車は高辻車庫に集中配置されていたので、東郊通でその姿を見ることができました。これは高辻車庫から出庫して黒川に向かう、[34]系統の区間運転です。P145に車内の写真を掲載しました。
東郊通三丁目～円上。
3004 [臨] 1969/5/17

円上(えんじょう)の電停です。背景のビルは、高橋病院です。肛門科の手術が評判で、市の内外から多くの患者さんがやって来ました。残念な事に2018年(平成30年)、閉業して跡地にはマクドナルドが建っています。
1614 [30] 1969/6/5

高辻の交差点です。夕立などで大雨が降るとしばしば冠水し、低辻と揶揄された場所です。タイヤの広告がある建物が高辻車庫(運輸事務所)で、乗務員の交替が良く見られました。東郊通から来た[35]系統が左折して滝子方面に向かうところです。
1434[35] 1969/6/5

高辻車庫の構内です。現在この場所には市営のマンションが建っています。
1628、1461、1454[臨] 1969/6/26

左に写っている16号は、花電車の車体です。「名古屋まつり」には化粧を施されて、市内をパレードしました（コラム参照）。右の3000型の方向幕が覚王山になっています。残念ながら覚王山線や東山公園線の写真は撮らずじまいでした。
花16、3008 1969/6/26

高辻車庫。
3008, 1626 [34] 1969/6/5

高辻から南は堀田通と名前が変わります。
この辺りには自動車関連の販売店の他、
日本碍子やブラザーなどの大きな工場が
並んでいました。
雁道〜堀田通五丁目。
1631 [30] 1969/6/26

堀田通五丁目の電停です。名古屋高速の高架道路はこの堀田通の上にも通っていますので、鶴舞公園〜堀田駅前で当時の面影を探すことはきわめて困難です。市域の発展を見越して大胆な都市計画を実行した先人の偉業によって、良質な住宅地や工場用地が造られました。しかし最近ではこの道路が単なる高速道路の橋脚になってしまった感があり、ちょっぴり残念な思いがあります。
1552 [30] 1969/6/26

堀田駅前から北を望んでいます。とにかく広い通りの真ん中を市電が悠々と走っていました。
1305 [臨] 1969/2/17

[30]と[34]系統の終点、堀田駅前です。名鉄本線の神宮前〜呼続が立体化される直前で、パノラマカーが地上を走っています。
1620 [34] 1969/2/17

東片端〜清水口。右にある大楠は樹齢300年超、今も奇跡的に残されています。 1618 [34] 1969/6/5

黒川

東新町から真っすぐに北へ伸びる路線が黒川へ通じていました。1914年(大正3年)に開業した高岳線(東新町〜清水口)と、戦後の1949年に新しく造られた清水口延長線(清水口〜黒川)です。線路は名古屋と富山を結ぶ国道41号線の上を走っていました。現在では、全区間に渡って名古屋高速1号楠線の高架道路が通っていますので、市電が走っていたことを想像することはできません。広々としたなつかしい街並を振り返ってみましょう。

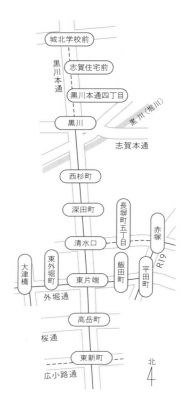

東新町交差点の南東角です。ビル全体が広告で埋まっているユニークな建物がありました。余談ですが、名鉄特急で名古屋〜岐阜25分と書かれています。現在は停車駅が増えたため、平均で30分以上かかります。
1303 [34] 1969/6/20

東新町は正式には「ひがししんちょう」と読みます。しかし電停名を含めて通称の「とうしんちょう」を使うのが一般的でした。尚、近年のバス停名は「とうしんちょう」になっています。
東海テレビ、東海ラジオ放送の旧社屋を背に走る1626です。1988年、隣に複合ビル「テレピア」がオープンし、2003年にはメルパルク（旧郵便貯金会館）跡地に新社屋が移転して、風景は一変しています。
1626 1969/6/20

高岳町〜東片端です。[34] 系統の黒川行きが走り去って行きます。こうやって写真を見ると、結構大きな街路樹がありますが、現在は全くありません。背景の日刊工業新聞名古屋支社は、建て替えられていますが、この場所にあります。
1621 [34] 1969/6/20

東片端の交差点を走る1542。後ろに写る正文館書店「本店」は、2023年6月30日をもって閉店し、70年余の歴史に幕を下ろしました。
1542［81］1969/6/18

東片端〜清水口にある歩道橋から北側を望んでいます。前方、清水口の交差点の西側は、まだ区画整理の途中でした。現在では信じられない、交通量の少なさです。
1618 [34] 1969/6/5

清水口の電停です。金城学院高校の生徒さんとお見受けしました。襟についた細い白線と、胸元のクロスマークが特徴です。線路を良く見ると、右への分岐線が切れています。赤塚へ通じていた路線で、すでに2年前の1967年に廃止されていました。そのため金城学院高校の最寄り電停が、長塀町五丁目から清水口に移りました。
1619 [臨] 1969/6/5

道路の東側にも巨木があり、歩道を曲げて手入れがなされていました。背景の大面商会は麻雀用具の専門店で、この場所で現在も盛業中です。東片端〜清水口。
1615 [34] 1969/6/5

ちょっと横道にそれますが、ここは東片端から外堀通を西へ入ったところです。東外堀町はお城の外堀の東側に沿って形成された旧武家屋敷の町です。戦前の名古屋市街地を彷彿とさせる古い建物が残っていました。肉屋さんの隣りは喫茶店で、小間物屋、洋品店、中華そば屋などが並んでいます。
東外堀町。 1642 [3] 1969/6/18

こちらは逆に外堀通を東へ入った所です。9階建てのマンションが建設中でした。飯田町経由の[81]系統がこの区間を走っています。
東片端～飯田町。
1544 [81] 1969/6/18

清水口から北の深田町へ向かっては、下り坂になっています。名古屋のご城下は基本的に台地の上にあり、ここから黒川が流れる低地へ下りて行きます。
清水口〜深田町。
1618 [34] 1969/6/5

ここは名古屋城の東北に隣接する地域ですが、1921年(大正10年)に名古屋市に編入されるまでは西春日井郡清水町という別の自治体でした。清水口以南が、旧市街地です。
清水口～深田町。
1628 [34] 1969/6/5

上掲の場所で南を向いています。坂道の西側に石積みの壁があり、なかなか良い雰囲気の所でした。現在この景色はまったく残っていません。あまりの変貌ぶりにびっくりするだけでなく、残念な気持ちになります。
1618 [34] 1969/6/5

深田町の電停近くに、名鉄瀬戸線との平面交差がありました。写真奥が黒川方面、右に行くと名鉄の清水駅があります。清水口～黒川の市電開業は戦後になった1949年(昭和24年)です。それまでは名鉄瀬戸線が主要な交通機関でした。
1628 [34] 1969/6/5

深田町の踏切を名鉄電車が通過していきます。すでにこの頃、特急の車体は赤色に白帯姿になっていました。現在この踏切は高架になっていて、さらにその上を都市高速が走っています。
1969/6/5

名古屋には住居表示の変更によって昔からの町名がなくなった場所が多いのですが、ここ西杉町の電停もその一つ。現在の清水四丁目交差点、バス停名は清水小学校です。
1615［34］1969/6/5

西杉町から黒川方面を見ています。清水口から北側は、中央の軌道＋片側1.5車線ほどの幅員です。歩道橋に国道41号の看板がかかっています。道路の右側に小学校があるので、今も同じ場所に歩道橋があります。
1623［34］1969/6/5

志賀本通交差点の北側が黒川の終点で、東側に北区役所がありました。庁舎は1964年の竣工です。1982年に区役所は北区総合庁舎へ移転しましたが、建物は生涯学習センターが使用しています。
1618 [34] 1969/6/5

終点黒川の電停です。黒川は、1877年(明治10年)に庄内川の水を堀川へ導水するために造られた人工河川です。設計した市の技術者、黒川治愿(はるよし)氏の名前を冠しています。以前は、この先、城北学校前まで路線が延びていましたが、撮影の2年前、1967年に廃止されていました。
1616 [34] 1969/6/5

徳川町。 1666 [80] 1969/7/3

上飯田

新栄町から東区内を北上して大曽根を経由、上飯田に至る路線をご紹介します。最初の写真は徳川町にある片山八幡神社の前です。この神社は1171年から鎮座していますが、荒廃していたものを尾張徳川家二代藩主光友公によって再興された歴史があります。当地は名古屋ご城下の鬼門に当たるので、その鎮護を担いました。神社の西側には下街道と呼ばれる信州脇往還が通っており、ご城下と中山道を結んでいました。赤塚には木戸口が設けられ、名古屋では珍らしい鍵曲りのある街道でした。1915年（大正4年）、市電（名古屋電気鉄道）を通すに当たって神社の東を通る新道が造られ、山口町を経由するようになりました。

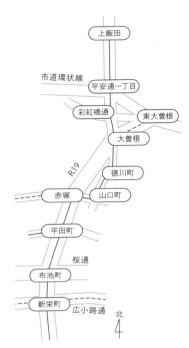

布池町、桜通交差点です。背景の建物は旧東区役所、1909年(明治42年)に建てられました。1954年に桜通を拡幅したときに少し移動したそうです。1970年に区役所は筒井町の総合庁舎に移転しました。
1651 [80] 1969/6/18

桜通を渡るところで西側を望んでいます。道路両脇の建物が低いので、テレビ塔まで見通すことができました。布池町。1667 [34] 1969/6/18

左掲上から桜通を渡ったところです。戦後、国道19号線が西側に新しく造られ、旧道沿いのこの区間は昔のままの姿を留めていました。
1635 [3] 1969/6/18

布池町〜平田町は、横代官町と呼ばれる
筋を走ります。1915年に開業した時は、
ここがメインストリートでした。東区は文
字通り名古屋城の東に位置し、清洲越し
で武家屋敷や寺院が配置された所です。
近くには尾張徳川家菩提寺の建中寺や、
白壁町、長塀町の旧名で知られる歴史的
な街並があります。
1647 [80] 1969/6/18

平田町の交差点です。西側の外堀通
りから撮影しています。
1651 [81] 1969/6/18

左掲の少し北側です。左が北の赤塚方面になります。名古屋相互銀行は名古屋銀行に改名しましたが、この建物は今もそのまま使われています。
1666 [80] 1969/6/18

平田町交差点で古豪の1300型を真横から撮影しました。循環の[3]系統で、左の外堀通りから出てきたところです。左端の平田温泉は現在も営業中で、サウナもあります。しかし煙突の高さは1/3ほどになっています。
1314 [3] 1969/6/18

平田町から赤塚までの区間は、戦災復旧で拡幅された国道19号線を走ります。これだけ広いと、利用者にとっては乗降がやっかいです。名古屋では道路の端に線路を敷くという発想がありませんでした。
1646 [80] 1969/7/3

平田町の手前、東側にあった東京銀行です。細長い窓がたくさん並ぶユニークな外観をしています。現在は9階建ての三菱UFJ銀行の平田町支店に変わっています。
1537 [81] 1969/7/3

赤塚の交差点です。上飯田行きの[81]系統が右折していきます。この系統は元々画面の左手前方向、清水口を経由していました。背景は神明社の森、現在よりも境内地が広く、樹木が鬱蒼と繁っています。
1540 [81] 1969/7/3

山口町の交差点です。[81]系統は平田町、赤塚に続いて、何度も方向が変わります。背景のパチンコセンターの建物はなくなって更地になっています。
1534 [81] 1969/7/3

山口町〜徳川町です。尾張徳川家二代藩主光友公が造営した広大な別邸があったところです。現在は徳川園、美術館、蓬左文庫があり、貴重な文物が保存、展示されています。
1543 [81] 1969/6/5

冒頭の写真を撮影した徳川町、片山八幡神社の前です。神社の先、北側は坂道になっています。前章の「黒川」でご紹介した清水口〜深田町とよく似た地形です。
1662 [81] 1969/7/3

坂道を下ったところに、名鉄瀬戸線との平面交差がありました。踏切の交通を制御する信号塔と係員が写っています。後方の空き地を囲む塀に広告が並んでいます。最近では見かけなくなりましたが、良くある風景でした。
1668 [80] 1969/7/3

大曽根は下街道と瀬戸街道の分岐点で、名古屋ご城下への北口として賑わったところです。大曽根の電停は国鉄大曽根駅から600mほど西にありました。戦時中の1942年に東大曽根(国鉄駅前)まで延長されていますが、1965年に廃止されました。中央に大曽根と書かれたアーケードが見えます。国鉄の大曽根駅に向かって、長い商店街が形成されています。
1667 [81] 1969/7/3

大曽根から北、上飯田に至る区間は1944年(昭和19年)に造られました。大曽根の付近には軍需工場が多数ありましたので、物資の欠乏する中でも路線が開通しています。
1663 [80] 1969/7/3

この区間の正式名称は、御成通線です。御成通は1927年(昭和2年)の天皇行幸時に拡幅、整備されて、その名が付きました。右に写っている貸本屋が、なつかしい雰囲気を醸し出しています。
御成通三丁目。 1534 [81] 1969/7/3

彩紅橋通は、かつて流れていた大幸川に架かる同名の橋があったところです。昭和初期に川は暗渠化され、流路も変わっていますが、電停名にその名を残しています。
彩紅橋通〜平安通一丁目。
1537 [81] 1969/7/3

終点上飯田の電停は、名鉄小牧線の上飯田駅前に ありました。右の巨大な建物が駅ビルで、3階から上は公団住宅になっています。1965年の竣工ですが、現在も当時の偉容を誇っています。撮影時、名鉄小牧線は高架で、駅ビルの2階に改札口がありました。2003年、市営地下鉄が小牧線に接続した時に、駅は地下に移設されています。
1662 [81] 1969/7/3

上飯田駅ビル。
1440 [81] 1969/7/3

上飯田電停の少し南側に、上飯田車庫がありました。正式に電車運輸事務所に昇格した1960年から、80番代の3本の系統番号を受け持つようになりました。

[80] 八熊通　旧[14]
[81] 名古屋駅　新設
[82] 堀田駅　旧[32]

このうち[82]は、赤塚〜清水口が廃止された時になくなっています。
1440 [81] 1969/7/3

上飯田車庫の主力車両は、戦後に造られた1500型です。戦前の代表型式である1400型と同じ窓配置の3扉、12m車ですが、屋根が張り上げになっていません。

※上掲写真が1400型です。

1541 [81]、1542 [81] 1969/7/3

車庫の構内です。大きな三角屋根が、特徴的でした。現在この跡地は、市営住宅とバスターミナルになっています。
1647［81］、1540、［80］1969/7/3

上飯田車庫で撮影した工事用の電動貨車です。明治時代に造られた木造電車を改造したもので、架線の修理や資材の運搬に使用されました。名古屋市電には2両のみ在籍した貴重な車両です。この2号車は永らく下ノ一色線にあって、線路脇の農薬散布に活躍したことで知られています。
貨2 1969/7/3

小本〜松葉。1445［70］1969/2/2

下之一色

全線が単線で、田園の中や水郷地帯を走る下之一色線は、名古屋市電としては異色の存在でした。市電と言うよりもローカル鉄道と言った感がありました。正式名称の下之一色線は尾頭橋〜下之一色の区間ですが、その先の稲永町(いなえいちょう)に至る築地線も、まとめて取り上げます。

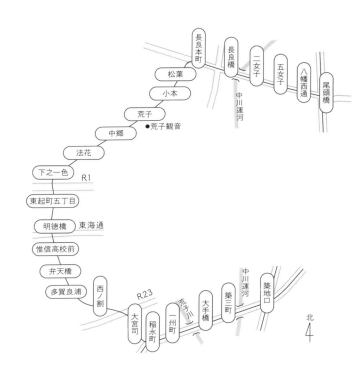

下之一色線は、起点の尾頭橋から旧佐屋街道を西へ走っていました。市街地の単線区間は、名古屋市電とはかけ離れたイメージです。
尾頭橋。 1675 [70] 1969/2/2

背景に新幹線の築堤と、中日球場の照明塔が見えます。試合のある日には、新幹線の車内から、ライトに照らされた球場を見ることが出来ました。学生時代筆者は、ここでファウルボール拾いなどのアルバイトをしたことがあります。巨人戦には大入袋が出ました。
八幡西通～五女子。 1659 [70] 1969/2/1

長良橋～二女子では、中川運河に架かる長良橋を渡ります。この付近には、五女子、二女子という珍しい電停名があります。その昔、当地を治めていた領主に7人の娘がいて、それぞれの嫁ぎ先に一女子から七女子までの地名を付けたという昔話が伝わっています。ちなみに一女子は古渡町の古名です。
1665 [70] 1969/2/1

長良本町です。理髪店が何ともレトロな
たたずまいを見せています。尾頭橋〜下
之一色は、大正の初期、1913年に、下之
一色電車軌道によって開業しました。下
之一色が漁港として栄えた頃で、魚を運
ぶのが目的でした。
1656［70］1969/2/2

同じく長良本町、市街地の併用軌道はここまでです。電車に隠れていますが、この奥には近鉄の烏森(かすもり)駅があり、乗換の乗客も多くいました。カーブを曲がった左の先が、専用軌道になります。
1656 [70] 1969/2/2

長良本町のカーブから、いよいよ専用軌道が始まります。沿線がいきなりローカル色に包まれます。
1675 [70] 1969/2/2

次の電停、松葉です。ほとんどの電停にこのような交換設備がありました。車両の左上に2つの続行灯が見えます。交換(行き違い)の時に続行便を示すランプで、下之一色線の専用車両装備でした。系統番号[70]は、下之一色線の基本系統で、稲永町から先の築地口まで乗り入れていました。
1657 [70] 1969/2/2

電停名にあやかって、松葉の陰から撮影してみました。ここは中川区松葉町ですが、電停名に町が付いていません。明治中期まで四女子村、その後合併で松葉村になったところです。松葉は瑞祥地名と考えられています。
1657 [70] 1969/2/2

下之一色線は田園地帯を走ります。沿線には農業用水の水路が走っていて、小さな鉄橋が架かっていました。この水路は、庄内川から取水して西区、中村区、中川区の田畑に水を供給した庄内用水の中井筋です。現在は暗渠になっています。
松葉～小本。 1675 [70] 1969/2/3

沿線には小高い丘がないため、材木屋さんの2階を借りて、俯瞰撮影しました。
松葉～小本。 1656 [70] 1969/2/2

小本〜荒子には国鉄西名古屋港線との平面クロスがありました。全国的に見ても非常に珍しい光景です。市電はクロスの手前で一旦停車します。系統番号[71]は、赤地に黒文字で、下之一色車庫の入出庫系統を表わしていました。2004年10月、国鉄西名古屋港線は、名古屋臨海鉄道あおなみ線に生まれ変わりました。西名古屋港線の写真は本章の最後でご紹介いたします。
1653 [71] 1969/2/3

クロスの手前で停車中の[70]系統です。廃止直前には方向幕が無く、系統板に「尾頭橋=築地口」と表示されていました。
小本〜荒子。1673 1969/2/15

クロスポイントを通過する西名古屋港線の貨物列車です。市電の線路と架線が写っています。後方の建屋は信号所ですが、使われてなかった模様です。
1969/2/15

刈り取った稲穂が積んである田園風景は、ローカル鉄道の雰囲気に満ちあふれています。
小本～荒子。1444 [70] 1969/2/3

荒子の停留所です。尾張四観音の一つ、荒子観音にお参りする善男善女は、市電を利用しました。この日は節分会で、大勢の参拝客で賑わっていました。当時、年配の女性の多くは日常的に和服を着ていました。筆者のお気に入りショットです。
1544 [70] 1969/2/3

中郷の電停です。このように続行便を含む複数の車両と交換する風景が見られました。
1659[70]、1705[臨]、1671[71]
1969/2/3

築地口行きの[70]系統が、下之一色に到着しました。右側の引き込み線を入ると車庫があります。
1675[70]、1656[70]、1969/6/5

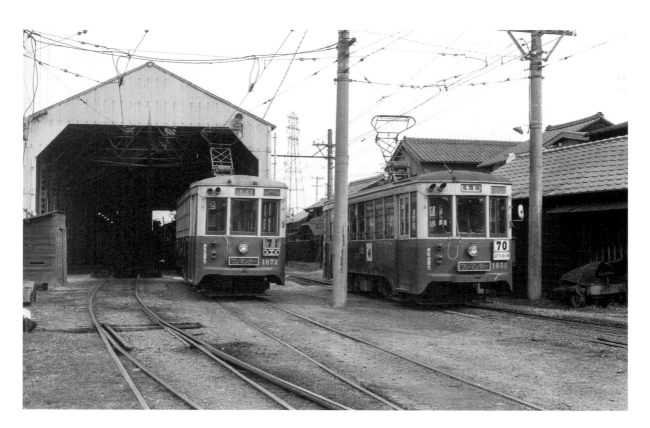

下之一色車庫の構内です。[70]と[71]の
系統板を付けた、下之一色線仕様の1600
型が並んでいます。
1672 [70]、1656 [71] 1969/2/3

1700型です。名古屋市電で唯一、
左右非対称のドア配置が特徴です。
1950年〜51年にかけて、わずか5
両が製造されました。ワンマン化後
は全車下之一色車庫に配属されてい
ました。2700型連接車を造る計画
を変更して、1700型に材料を流用し
ています。このため正面両脇の窓が
小さいデザインは、2700型にそっく
りです。
1704 [臨] 1969/2/3

1703 1969/2/3

1700型は、1954年2月に日本で最初のワンマン運転をした、歴史に残る車両です。
1703 1969/2/3

系統板に「荒子＝尾頭橋」と書かれ
ています。該当する区間系統の設定
はなく、いわゆる「臨」系統です。
1702 1969/2/15

車庫でお願いして方向幕を回してみたら、八事線「杁中」の表示が出てきました。
1701 1969/2/15

下之一色の電停です。下之一色線では少数派だった、1400型と1500型が並んでいます。電停と言うよりは駅の雰囲気があり、食料品などを売る商店がありました。今風に言えばコンビニです。店先に籐籠製の乳母車が沢山置いてあります。これも商品のようです。
1544 [70]、1445 1969/2/3

下之一色を出るとすぐに国道1号線をくぐります。下之一色から南の区間は、大正末期に築地電軌の手によって造られました。稲永町側から工事が進み、1926年(大正15年)に下之一色に到達しています。
1444 [70] 1969/2/3

国道の跨線橋から南を向いて撮影しました。このあたりは芦の茂る湿地帯の中を電車が走っていました。下之一色〜東起町五丁目。
1673 [70] 1969/2/3

東起町五丁目です。ここの電停には交換設備がありません。線路左脇に勾配標識が見えます。専用敷を走る鉄道ならではの光景です。
1673[70]1969/2/3

明徳橋の電停です。ここからは港区に入ります。ここには大きな材木屋があり、木材の加工も行なっていました。
1544[70] 1969/2/3

明徳橋の踏切には自動信号機が付いていました。荒子観音参詣の帰りでしょうか、寒風の中を和服の女性が歩いています。写している筆者も大変寒かった記憶があります。今では信じられないかも知れませんが、この道路が現在の東海通です。
1675 [70] 1969/2/3

庄内川の堤防に立つと、池の向こうに専用軌道を走る市電の姿が良く見えました。上掲とは異なり、風のない日だったので、電車が鏡のように池に映っています。明徳橋〜惟信高校前。 ※現在、背景の田圃はすべて住宅地になっていて、あまりの変貌ぶりに浦島太郎の世界に迷い込んだような気がします。
1655 1969/2/15

惟信高校前の電停です。以前は西川町二丁目と言う名前でした。1750年(寛延3年)に自費で新田を開拓した西川甚兵衛翁に因む町名です。惟信高校は1925年に開校した名古屋で2番目に古い旧制惟信中学です。開校当初は東区白壁町の仮校舎でしたが、翌1926年からこの地にあります。電車の開通は通学に無くてはならないものでした。英語で書かれた踏切の表示が、何とも時代を感じさせます。
1658 [71] 1969/1/27

同じく惟信高校前です。交換設備のない電停で、北行きと南行きの乗り場が分かれています。こちらは北行き、尾頭橋方面の乗り場です。丁度下校時に遭遇しました。男子は詰め襟服に学生帽ですが、女子は学校指定のトッパーコートを着ています。
1659 [70] 1969/1/27

ここは弁天裏。開運大師で知られる弁天寺が近くにあります。この頃、電停近くの生活道路はほとんどが未舗装でした。
1660[70] 1969/1/27

のどかな風景が続く、弁天裏～高賀良浦です。線路の右端に、犬が遊びに来ています。
1659[70] 1969/1/27

多賀良浦の電停です。木製の架線柱の上部が開いていますが、手抜き工事で傾いた訳ではありません。安定的に架線を吊るための、独自の工法だそうです。次の電停が、田圃の中にある西ノ割です。
1544 [70] 1969/1/27

この付近は江戸時代中期に北から順に新田が開発されて行ったところです。田圃の脇に芦の茂る景色は、当時と変わってないかも知れません。西ノ割。
1444 [70]、1656 [70] 1969/1/27

西ノ割〜大宮司には、名四国道を越える
鉄道橋があり、市電は築堤を走ります。
1656 [70] 1969/1/27

西ノ割〜大宮司。この鉄道橋は名四
国道が供用開始される前年、1962
年12月に造られました。名四国道は
現在の姿からは想像できないほど走
行する車の数が少なく、殺風景な場
所でした。道端にホットドッグ販売
車が見えます。
1657 [70] 1969/1/27

左）西ノ割～大宮司。鉄道橋に至る築堤を走る[70]系統です。角度を変えて、何度も撮影しました。
1658 [70] 1969/1/27

右）1676 [70] 1969/1/27

1659 [70] 1969/1/27

築堤の基礎は立派な石積みになっています。築堤上はさえぎるものが無いので、美しい車両の姿を捉えることが出来ます。
1659 [70] 1969/1/27

大宮司には大きな池があり、木製の橋が
架かっていました。この付近は、のどか
な水郷地帯を走ります。
1657 [70] 1969/1/27

大宮司。上掲の南側です。おだや
かな冬の日差しの中、水際を市電が
走って行きます。最も下之一色線ら
しい、ハイライト区間です。
1657 [70] 1969/1/27

下之一色線の[70]系統は稲永町から築地線に入り、築地口まで乗り入れていました。写真は築地口交差点の西側で撮影しました。夕暮れ時のなかなか趣きのある思い出のひとコマです。名古屋港へ直進するはずの[50]系統が、築地線を使って折り返しています。普段は見られない光景でした。
1655、1473 [50] 1969/2/15

column
西名古屋港線

市電下之一色線の撮影の折に良く立ち寄ったのが、国鉄の西名古屋港線です。お目当ては当時まだ現役で活躍していた蒸気機関車でした。この線は名古屋港の拡張に伴い、1935年（昭和10年）に造成された十号地（稲永埠頭／潮凪埠頭）の貨物輸送のために計画されました。実際に工事が始まったのは戦後になってからで、1950年（昭和25年）に開業しています。築港（一号地、二号地）へ通じていた臨港線は明治時代の開業ですので、それに比べるとずっと後年になります。関西本線の笹島貨物駅と西名古屋港までの間12.6kmを結んでいましたが、2001年にトラック輸送が主流になって臨港貨物線としての使命を終えました。その敷地を活用して2004年、旅客鉄道の名古屋臨海高速鉄道あおなみ線が誕生しました。

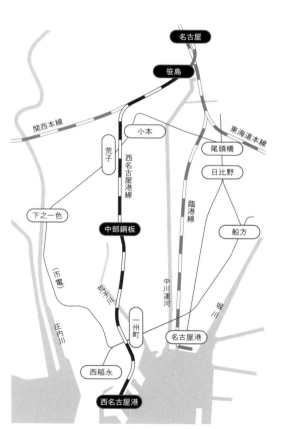

市電一州町電停では道路上での平面交差が有りました。迫力あるD51形機関車の勇姿を、間近で見ることが出来ました。
1969/12/9　西名古屋港～中部鋼鈑。

背景に名港火力発電所が見えます。現在ここには、あおなみ線の稲永駅があり、カインズのショッピングモールになっています。
1969/12/9

荒子川を渡る下り列車です。辺り一面の湿地帯で未利用地が広がっていましたが、現在は荒子川公園が造られて市民の憩いの場になっています。鉄橋は公園の遊歩道として活用されており、数少ない西名古屋港線の遺構となっています。
1969/11/9
西名古屋港～中部鋼鈑。

column 西名古屋港線

終点の西名古屋港です。現在のあおなみ線、潮凪車庫がある場所です。広い構内には何本もの線路がありました。貨物船が見える桟橋や石炭置き場、付近の工場に向かって多数の引込線が延びています。
1969/12/9

港車庫前〜港区役所前。 1543 [51] 1969/1/20

名古屋港

日比野からまっすぐ南下して、名古屋港に至る路線がありました。この線の正式名称は野立築地口線(日比野〜築地口)で、1937年(昭和12年)の開通です。同年に開催された「名古屋汎太平洋平和博覧会」の観客輸送が建設の目的でした。沿線には港車庫があり、ユニークな形状で知られる800型が配属されていました。この路線は地下鉄の建設が開始されたため、1969年2月20日に廃止されました。廃止の直前に撮影した写真をご覧下さい。

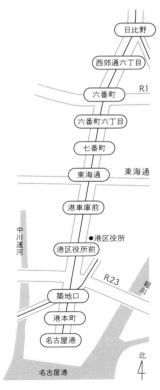

市電の江川線は日比野から東南方向へ折れて船方へ至ります。一方、本章の野立築地口線はここが起点で、あとから出来た路線です。路線名になった野立は、日比野付近に存在した町名ですが、電停名にはありません。
日比野。1464 [51] 1969/1/26

市道江川線は、日比野から六番町の区間が西郊通と呼ばれ、町名になっています。
西郊通六丁目。1472 [51] 1969/1/26

西郊通と国道1号線の交差点にある、六番町の電停です。頭上に見える大きなアーチ橋は、東海道新幹線の第2六番町橋梁です。補剛桁で路盤を釣り下げる構造で、専門用語ではローゼ橋という名称です。全長100m、スパン長85mの巨大な橋を架設した時は、新聞で大きく取り上げられた記憶があります。それから半世紀を経た2013年に、名古屋高速4号東海線の高架橋がこのアーチ橋のさらに上空に造られました。
1460 [52] 1969/1/26

六番町〜六番町六丁目です。このあたりは尾張徳川家の初代義直公の命によって開発された熱田新田です。新田の各区割りに一番から三十三番までの番号が付けられ、町名になりました。左端は六番町神明社、奥は名古屋市工業研究所です。
1532 [50] 1969/1/26

六番町六丁目〜七番町です。地下鉄名港線の工事事務所が写っています。この道路の真下に地下鉄の名港線を通すことになり、名古屋港から日比野経由で金山へ直接出られるようになりました。
1542 [52] 1969/1/26

港車庫前です。車庫に入る複線の引き込み線があり、庫内に多くの車両が並んでいます。港車庫が開設されたのは戦時中の1943年です。名古屋港行きの[50]系統と、西稲永行きの[51]、[52]系統を担当していました。
1465［臨］1969/1/26

港車庫の構内です。トラバーサによって、車両を移動させている光景を見ることができました。トラバーサの運転台も写っています。
1467 1969/1/20

1956年に開発された800型車両です。モノコック構造を取り入れて、軽量化を図った画期的な車両です。側板には強度を保つためのコルゲート加工がなされていて、6本のリブが見えます。
806 1969/1/20

上掲806号の車内です。床下に釣り下げたモーターからの回転を、ユニバーサルジョイントとウォームギアで車輪に伝える「乗り越しカルダン駆動」が採用されています。まるで鉄道模型のような駆動方式であると、評されました。
806 1969/1/20

左）800型の前面は田の字形になった4枚のガラスで構成されています。これも従来の名古屋市電にはない、斬新的なデザインです。港車庫はこの線の廃止とともに閉鎖されました。残念なことに、800型は全12両が渥美半島沖に沈められて、魚のアパートとなっています。
809 1969/1/20

右）802、805 1969/1/20

807、808、804 1969/1/20

港車庫前〜港区役所前です。背景に東邦ガスの巨大なタンクが見えます。当時は天然ガスが普及する前でしたので、石炭を乾留してガスを製造し、都市ガスとして供給していました。本章の最初の写真は、この手前にある港北運河の橋で撮影しました。現在ガスタンクは姿を消し、石炭を運んだ運河も埋め立てられています。まさに「山中方一日、世上已千年」の世界です。
1465［51］1969/1/20

港北運河の南、港区所前です。背景の建物は1967年に開設された港図書館です。建物は1999年に建て替えられて、モダンな形に変わっています。［50］系統は江川線を経由して名古屋港と名古屋駅を直接結んでいました。
1458［50］1969/1/20

築地口の北側です。古い道路標識と、なつかしいCALTEXの★印の看板が見えます。
1469 [51] 1969/1/20

市電は築地口の北側で、名四国道と交差していました。
1535 [50] 1969/1/20

築地口の交差点です。800型の[50]系統が、名古屋港方面へ直進しています。後方の中央相互銀行は現在の愛知銀行で、建物も健在です。一方、右端に名古屋相互銀行の看板が見えますが、こちらは現在の名古屋銀行で、交差点の筋向かいに移転しています。
804 [50] 1969/2/2

築地口交差点の線路はN字形の配置になっていました。南北に直進する[50]系統のルートと、北から西へ曲がる[51]、[52]系統のルート、それに船方方面から来て名古屋港に入る[20]系統の3ルートが通る構造です。日比野〜名古屋港が廃止されたのちは、船方方面から交差点の西側へ通行できるよう、線路が新設されています。
1543 [51] 1969/1/20

築地口の南側電停です。右方向、船方方面から名古屋港行きの[20]系統が入ってきました。行き先表示は「名港」と書かれています。ここから名古屋港までは築港線になります。築港線は市の中心部と港を結ぶルートとして、熱田駅前から船方経由で1912年（明治45年）に開業しています。
1427 [20] 1969/1/20

次の電停、港本町です。明治の開業時は、ここが港の終点でした。「築港」と呼ばれた名古屋港まで延長されたのは、1918年(大正7年)です。
1423 [20] 1969/1/20

終点の名古屋港です。倉庫や港湾関係の事務所があるだけの殺風景な所でした。
1423 1969/2/15

名古屋港の開港は1907年(明治40年)です。熱田港の沖合を埋め立てて造られました。前頁の港本町が築港の一号地、ここが二号地になります。
1901 [20] 1969/1/20

臨港線の踏切の手前で線路が終わっていました。その先が中央突堤になります。今は水族館ができて、お洒落な街並になっています。
1913 [20] 1969/1/20

左奥が市電の終点、その南側を名古屋臨港線の貨物列車が道路を横切って走っていました。機関車は昭和初期に造られたC50形で、全国的にも希少な存在でした。
1427 1969/2/15

南一番町〜千年。1919 1969/11/7

船方から西稲永

前章の「名古屋港」に続き、熱田区から港区にかけて走るもう一つの路線をご紹介します。熱田駅前から船方を経由して名古屋港に至る築港線で、歴史的にはこちらの方が古く、1910年(明治43年)の開業です。走っているのは[20]系統で、市の中心部と港を結ぶメインの路線でした。1969年2月20日に築地口〜名古屋港が廃止された関係で、[20]系統は西稲永行きに変更されています。築地口から西側、西稲永に至る築地線及び、下江川線の日比野〜船方も併せてご覧下さい。

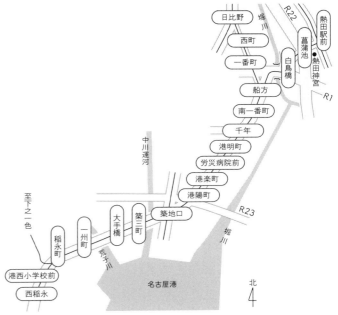

日比野から西町を経由して船方に至る路線です。路線名は下江川線で、1912年(明治45)年に開業しました。[10]系統は、秩父通から江川線(道路名)を南下して、日比野で左折、船方をV字に曲がって熱田駅前に至る系統です。
日比野〜西町。 2028 1969/11/8

西町の電停です。元々この区間には[10]系統だけが走っていましたが、港車庫前を経由する路線の廃止後は[51]系統も走るようになりました。
1429 [50] 1969/11/8

西町には市電の工場があり、定期検修や改造などを行なっていました。一般の車庫とは異なり、普段はあまり車両の出入りが無いので、閑散としています。
1530 1969/11/8

突き当りの三角屋根が国鉄熱田駅です。南北に走る大津通から分岐したところに、築地線の電停がありました。
熱田駅前。 1424 1969/11/8

菖蒲池〜白鳥橋です。右方向、熱田駅前に向かって[10]系統が走っています。[10]系統の車両は、ほとんどが2000型に統一されていました。
2006 1969/11/8

白鳥橋の電停です。堀川に架かる白鳥橋の東詰めにありました。上り下りの電停が、同じ場所に向き合っています。
1916 [20] 1969/11/8

白鳥橋〜船方。白鳥橋を渡る1920号です。
帰宅する人々で車内は超満員でした。
1920 1969/11/8

船方の電停です。この名前は1675年(延宝3年)、船手奉行の横井作左衛門が開拓した、船方新田に由来します。町名としての船方はありませんが、小学校の校名などに残っています。後ろに見えるのは材木会社の事務所ですが、現在はマンションになっています。
1906 1969/11/7

船方から南側は工場地帯になります。ここは港明町で、北側の千年方面を見ています。右の工場は住友軽金属(現UACJ)です。
1915 1969/11/7

港明町〜労災病院前です。千年からここまで延々と、住友軽金属名古屋製造所の敷地が続きます。
1413 1969/11/7

労災病院前です。電停名になっている中部労災病院は、1955年に開設されました。工場の多いこの地域にあって、職業性疾患に対応するために建てられましたが、現在では総合的な医療機関となっています。この先、港楽町、港陽町と港を冠した町名が続きます。堀川には艀溜(はしけだまり)がありましたが、電車通りからは見えませんでした。
1919 1969/11/7

線路は築地口の北側で名四国道をくぐります。
1418 1969/11/7

築地口の東側のカーブです。
1413 1969/11/7

築地口の交差点です。外国の船員向けに、英語の広告が目に付きました。すでに1950年代から、海外向けにPanasonicのブランドが使われていました。
1906 1969/11/7

築地口交差点の西側です。割烹着を着た親子連れと、そのうしろに子供を背負った婦人が写っています。撮影日は港車庫の廃止前なので、800型が走っていました。
807 [51] 1969/2/2

築地口〜築三町の中川運河に架かる中川橋です。このアーチ型の橋は、1930年に架けられたもので、土木学会の近代化遺産に登録されています。中川運河は国鉄の笹島貨物駅と港をつなぐ目的で、1930年（昭和5年）に開削されました。堀川とともに名古屋の物流を支えた水路です。
1903 1969/11/8

国鉄臨港線を越える所が、専用敷になっていますが、すぐに道路に合流して上掲の中川橋を渡ります。
築地口〜築三町。1423 1969/11/7

大手橋〜一州町では荒子川を渡ります。
この区間は、道路の北側に造られた専用
軌道になっていました。
1705 1969/11/8

上掲の反対側を見ています。名港火
力発電所の5本煙突が、曇り空にか
すんでいました。
1903 1969/11/8

稲永町の電停です。西稲永行きの[52]系統を望遠レンズで撮影しました。右の線路が西稲永、手前が下之一色方面です。ここは、江戸時代の文政年間に干拓された稲永新田の一角です。たび重なる台風の被害を受け、農業には不向きな土地でしたので工場が立地し、早くも1907年(明治40年)には名古屋市に編入されています。熱田の街道筋にあった遊廓も、この地に移転しました。

1472 [52] 1969/1/27

前頁と同じ稲永町で、こちらは市大病院行きの[51]系統です。この2枚のみ、撮影日が1969年1月なので、港車庫担当の系統が写っています。
1465 [51] 1969/1/27

戦時中の1941年(昭和16年)に延長された築地線支線の終点、西稲永です。廃止された下之一色線の1700型が、[20]系統に入っています。広い埋め立て地に、2階建ての市営住宅が並んでいましたが、現在は高層マンションに建て替えられています。
1704 1969/11/6

八事〜半僧坊前。 3003 [団体] 1969/11/12

八事線

昭和区の丘陵地帯を走る八事線は、1912年（明治45年）4月、尾張電気軌道によって開業しました。区間は千早～大久手～興正寺前(八事)です。同年5月には大久手～今池の支線が開通して、名古屋電気鉄道線に接続しました。同社はその後新三河鉄道に吸収されたのち、1937年（昭和12年）に市営に移管されました。支線の大久手～今池は市電の東部循環線の一部になりましたが、千早～大久手は戦時中の1944年に資材供出のため廃止されています。

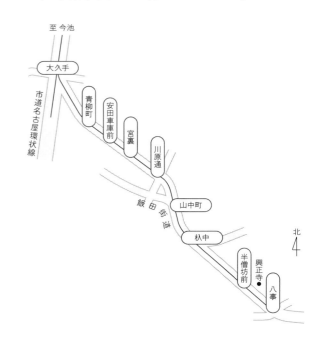

八事にある高野山真言宗の名刹、興正寺です。尾張徳川家二代光友公の時代に創建されました。愛知県下で唯一の木製五重塔は、国指定の重要文化財です。
1965/5/9

筆者が高校生の時にたまたま撮影した八事の終点です。道路から入った崖下で、行き止まりになっていました。当時は市電のネットワークが充実していて、[60]系統は名古屋駅前行きでした。
1167 [60] 1965/5/9

元々は車両の趣味的に面白い題材(外付けドラムブレーキ)として撮影しました。あとで見返してみると、飯田街道から奥まった場所にあった八事終点の雰囲気が出ています。
1162 [60] 1965/5/9

1968年1月に新しく造られた八事の終点です。道路上に安全地帯が設けられました。後方、バスの後ろ姿が写っている左奥が、上掲の崖下になります。線路は飯田街道の上に敷設されています。豊田市(挙母)方面への名鉄バスが頻繁に走っていました。
1602 [60] 1969/11/12

八事〜半僧坊前の北東側には興正寺の広大な森が広がっています。背景の門は東門で、ここから入ると、開山堂や大仏への近道になります。地下鉄が開通してからは、寺域の一角に飲食店が建ち、風景ががらりと変わっています。
1446［臨］1969/11/12

興正寺の門前でカメラを構えていたら、突然3000型の連接車が現れました。八事線には元々連接車の運用がありませんので、大変驚きました。
3003［臨］1969/11/12

続いて、何と1900型が走ってきました。このタイプも八事線には無縁でしたので、続けてびっくりしました。中学校の遠足で、団体電車として運行された模様です。よく見ると方向幕が「築地口」になっています。八事から築地口への走行ルートを考えると、途中で方向転換が必要になります。楽しい遠足の様子が目に浮かびます。
1911 [団体] 1969/11/12

半僧坊前の電停から、北西側を見ています。北側には丘陵地が続いていて、雑木林になっています。この奥に国鉄の八事球場があり、プロ野球の練習試合を自由に観ることができました。選抜高校野球の第1回大会が開かれた歴史的な球場です。
1607 [60] 1969/11/12

同じく、半僧坊前です。電停の前には食料品を扱う商店がありました。市電があった頃を代表する、懐かしさと趣きのある風景です。
1509 [60] 1969/11/12

半僧坊前〜杁中では、田園風景が広がっていました。とても名古屋の市内とは思えない、のどかな場所です。
1509 [60] 1969/11/12

旧飯田街道と後述する新道との合流地点です。広い道路の中央を伸び伸びと市電が走っていました。半僧坊前〜杁中。
1156 [60] 1969/11/12

振り向いてもう一枚撮影しました。後方は名古屋で唯一のカトリック系医療施設、精霊病院です。病院の隣には日本福祉大学がありました。半僧坊前〜杁中。
1156 [60] 1969/11/12

1600型のトップナンバー、1601号です。中扉のないタイプなのでずっと車掌さんが乗務していましたが、撮影年にワンマン化されました。この車体で前乗り後降り方式は少々無理があるように感じました。
杁中。1601 [60] 1969/11/12

同上、後ろ姿です。
杁中。1601 [60] 1969/11/12

杁中には北側にカーブした旧飯田街道があり、市電が走る直線道路との間に商店街がありました。写真の後方にある建物の左側が旧道で、1957年までは市電が経由していた歴史があります。
1607 [60] 1969/11/12

杁中〜山中町です。ここで道路がカーブしていました。画面奥が山中町方面です。近くの丘陵地に、野球の名門中京高校(旧中京商業、現中京大中京高)があります。
1602 [60] 1969/11/12

ここから北西方向、線路は飯田街道をはずれて安田通を進みます。写真左の狭い道路が飯田街道で、電車を通すことが困難でした。
山中町。1509 [60] 1969/11/12

山中町〜宮裏の区間は比較的道幅が広く、両側に舗道が整備されていて、プラタナスの並木がありました。
山中町〜川原通。
1524［60］1969/11/12

名古屋相互銀行(現名古屋銀行)の前を走る1500型のサイドビューです。1500型は戦後まもない1949~50年に合計45両が造られました。戦前の名車1400型に準じた設計ですが、少し角張った印象のあるデザインです。撮影時には30両が大久手(安田)車庫に集結していました。
川原通。 1509 [60] 1969/11/12

川原通の電停です。この辺りから人家や
商店が増えて、市街地の様相を呈してき
ます。
1156 [60] 1969/11/12

川原通の西側、八事線は閑静な住
宅街を走ります。渡っているのは山
崎川で、河口では広いこの川も上流
では巾10mほどの小川になっていま
す。橋の名前は夸包橋、ひょうたん
という意味ですがちょっと読めない漢
字です。
川原通〜宮裏。
1162 [臨] 1969/11/12

安田車庫の構内です。安田車庫は尾張電気軌道の時代から当所にあり、1974年3月31日の市電最終日まで使用されました。現在は、市営の老人ホームが建っています。
1526、1527 [臨] 1969/5/10

安田車庫前です。車庫を背にして、道路の北側を見ています。当時は電停ごとに、このような商店や飲食店があり、現在よりも住みやすい町だったように思います。現在、これらの商店はすっかり姿を消しています。
1504 [60] 1969/5/10

構内には使われなくなった車両も置いて
ありました。
安田車庫。
1527、1405、1308 1969/5/10

1400型のラストナンバー、1475号
です。
1475 1969/5/10

青柳町〜大久手、突き当たりが大久手の交差点です。背景の吉田外科病院は一回り大きな建物になって健在です。左の市バスは平針荒池発栄行きの[45]系統、懐かしい後部3枚窓の日野RB10です。
1504[臨] 1969/11/12

青柳町の電停です。ここから大久手にかけては、道幅が急に狭くなっていきます。白線の引かれた道路から乗客が乗り込んでいますが、安全面のほかに段差が大きいことも問題でした。
1601、1430 1969/11/12

今池。 1411[60] 1968/6/8

今池周辺

名古屋市の東部、市道環状線を市電が走っていました。東区の矢田町四丁目から千種区の今池、瑞穂区の新瑞橋を経由して港区大江町までの約14kmに及ぶ比較的長い路線です。そのうちの北側部分、矢田町四丁目～大久手の写真をご覧下さい。この区間のルーツは、1943年5月に東大曽根～桜山町で開業したトロリーバスです。市道環状線は1930年代に工事が始まった都市計画道路で、沿線には多くの軍需工場がありました。市電の計画がありましたが、戦時中の資材難からトロリーバスが運行され、戦後になってから市電に転換されています。

終点の矢田町四丁目です。国鉄中央本線と名鉄瀬戸線大曽根駅のすぐ東側です。鉄道を越えることが出来なかったので、大曽根方面とは繋がっていません。右の工場は三菱電機名古屋製作所で、ここから矢田町十五丁目にかけて、広大な敷地が続いています。
1517［臨］1969/7/6

矢田町十丁目です。右へ進むと砂田橋から茶屋ヶ坂方面になります。現在この上に、名古屋ガイドウェイバスの高架橋が通っています。日本で唯一の先進的な交通システムです。
1504 [63] 1969/7/6

矢田町十丁目で線路は直角に曲がります。現在の地下鉄名城線ナゴヤドーム前矢田駅がある場所です。
1164 [63] 1969/7/6

[60]系統は元々八事から名古屋駅前へ直通していましたが、1967年、今池〜栄の廃止に伴って矢田町四丁目行きに変更されました。ほとんどの乗客が今池で地下鉄に乗り換えます。
矢田町十丁目〜矢田町十五丁目。
1434 [60] 1969/7/6

矢田町十五丁目では国鉄中央本線から分岐する貨物専用線と平面交差していました。この専用線は日本専売公社が使っていました。専売公社の跡地はイオンになり、その東隣に中日ドラゴンズの本拠地ナゴヤドーム（バンテリンドームナゴヤ）が1997年にオープンしています。
1167 [60] 1969/7/6

矢田町十五丁目〜古出来町の広い通りを、[63]系統が走っています。この系統は矢田町四丁目〜新瑞橋で運行されていました。
1525 [63] 1969/7/6

古出来町の電停です。「サウナヘルシンキ」、本日開業です。現在は廃業して、背の高いマンションに変わっています。
1605 [60] 1969/7/6

同じく古出来町交差点、こちらは北東側です。角地に銀行と食堂、本屋さんなどが並んでいました。「出来町市場」の看板のある建物は現存しています。
1507 [60] 1969/7/6

この付近、比較的大きな建物が目立つ程度でしたが、現在はマンションが並んでいます。
都通一丁目。 1519 [60] 1969/7/6

背景のカローラ店は7階建てのマンションになりました。その1階で営業していましたが、つい最近2筋南の新店舗に移動しています。
都通一丁目。 1520 [63] 1969/7/6

1960年代後半から70年代にかけて、ボウリングが全国的なブームになり、市内にも多くのボウリング場がオープンしています。富士ボウリングセンターは1965年(昭和40年)の開業で、56レーンありました。都通二丁目〜都通一丁目。
1552 [60] 1968/6/8

今池〜都通二丁目。錦通を渡る[60]系統です。錦通の下には地下鉄東山線が通っていて、その入口が見えます。背景の日本生命ビルは現在8階建てになっています。
1411 [60] 1968/6/8

今池の交差点です。南東角に協和銀行がありました。現在は11階建て、総ガラス張りのりそな銀行になっています。左奥に小さく見えるのが、学生時代にしばしば立ち寄った純喫茶「田園」です。懐かしいですね。冒頭の写真は、交差点の北東角にある千種郵便局です。こちらもモダンな形に建て替えられています。
1401 [63] 1968/6/8

今池〜大久手です。道路の東側を見ています。繁華街今池のはずれですが、商店や事務所などが軒を連ねていました。背景に兵庫相互銀行が写っています。普銀転換して兵庫銀行となりましたが、1995年に経営破綻しました。[61]は今池〜昭和町を運行していた系統です。
1154 [61] 1969/7/11

道路の西側に「今池ボウリングセンター」がありました。開業間もない頃は、ピンがひもで吊ってある旧式な装置で、ひもが互いに絡まったという話を聞いたことがあります。背景に呉服の「ほていや」が見えます。店員が皆和服を着て接客していました。「ほていや」は現在の「ユニー」の前身企業です。看板に見える名古屋信用金庫は現在の中京銀行で店舗は今もこの場所にあります。
1155［臨］1968/7/7

大久手の交差点です。前章でご紹介した
八事線が、ここで斜めに分岐しています。
1661 ［臨］ 1968/7/7

大久手には車庫がありました。細長い敷地で線路が4本だけの小さな車庫ですが、正式な運輸事務所です。
1160、1431、1516、1432［32］1969/7/11

御器所通の電停。 1521 ［臨］ 1969/7/14

桜山町

循環東線の続きです。大久手〜市立大学病院の区間をご紹介します。また、沢上町から市立大学病院に至る路線の写真も掲載しました。市立大学病院の電停は、かつて桜山町という名前でした。1966年4月、桜山町にある市立大学の敷地に市立大学病院が移転してきたため、同年11月になって電停名が変更されています。昔からなじみのある旧名でないとしっくりこないので、あえて表題を桜山町としました。

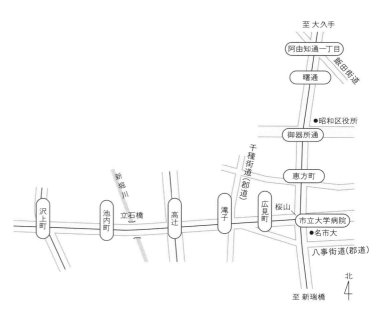

大久手〜阿由知通一丁目です。手前の広い道路が若宮大通で、当時は市道環状線で行き止まりのT字路になっていました。現在、地下鉄桜通線吹上駅がこの交差点にあります。旧尾張電気軌道時代の吹上電停からはかなり離れていますが、吹上ホールや吹上公園のもより駅として吹上を名乗っています。
1467［61］1969/7/14

左掲と同じくT字路時代の若宮大通です。現在では市道鏡ヶ池線につながり、広い道路の中央に堀割式の高速2号線が走っています。
阿由知通一丁目〜大久手。
1434 1969/7/14

阿由知通一丁目の交差点です。中央前方、市バスが写っている道路が飯田街道で、市道環状線と45°に交差しています。八事線の章でご紹介したように、八事線は山中町から西側で狭い飯田街道から外れています。その飯田街道は、ご城下の駿河町（テレビ塔の近傍）まで、旧市街地を斜めに走っています。
1156 [63] 1969/7/14

曙通の歩道橋から北側を見ています。市電の軌道敷＋片側3車線の道路に、ゆったりとした歩道が設けられています。戦前の古い地図を見ると、このあたりは一面の畑地で、そこに広い直線道路を計画したことが分かります。例によって現在の沿線にはマンションが林立して、道路が狭くなったような錯覚を感じます。右端、弘田三枝子さんのCMで一世風靡したアスパラの広告がみえます。
1515 [臨] 1969/7/14

曙通の電停です。右が南方向になります。この辺りには工場が並んでいました。
1155 [61] 1969/7/14

御器所通の交差点です。北側に昭和区役所が写っています。現在は地下鉄の御器所駅に直結する7階建ての新庁舎に生まれ変わりました。冒頭の写真は御器所通の電停で撮影しました。市電を利用する多くの人々が写っています。
1164 [61] 1969/7/14

御器所通〜恵方町です。背景に瀬戸信用金庫の立派な建物が建っています。この例に限りませんが、名古屋の中心から見れば街外れのような場所に、このような地方の金融機関の支店が何軒もありました。特定の取引先があったものと思われます。現在は市道環状線の1筋東へ移転しています。
1604［臨］1969/7/14

市立大学病院〜恵方町。こちらは桜山交差点のすぐ北にある地元の名古屋相銀、のちの名古屋銀行です。建物は新しくなっていますが、この地で営業を続けています。
1166［61］1969/7/14

市立大学病院の北側電停です。1994年に地下鉄桜通線の今池〜野並が開通したとき、駅名に桜山の名前が復活しました。地元民も大歓迎でした。
1522 [63] 1969/7/14

ここでちょっと寄り道して、沢上町から市立大学病院へ至る路線の写真をご覧下さい。
池内町。
1420、1417 [51] 1969/6/26

国鉄と名鉄の跨線橋を渡るところです。1954年(昭和29年)までは橋がなく、市電は名鉄の旧金山橋駅前を経由していました。
池内町〜沢上町。1460 1969/6/26

高辻から滝子に向かって、瑞穂台地を登るなだらかな上り坂になっていました。
1455 [33] 1969/6/26

新しいマンションが建ちました。
高辻〜滝子。
1420 [51] 1969/6/26

滝子は明治時代に愛知郡役所が置かれた所です。千種街道や八事街道の「郡道」が通る繁華街で、映画館「滝子松映」がありました。
1461 [33] 1969/5/17

滝子交差点です。左は市電の開設によって出来た新道で、広見町から桜山に至ります。右が郡道で、川澄町から石川橋方面です。
1447 [35] 1969/5/17

滝子から市立大学病院にかけては文教地区で、多くの学校があります。登下校時はいつも満員でした。
広見町。1458 1969/6/26

市立大学病院の西側電停です。[51]系統の始発地になっていました。こちらも満員です。
1907 [51] 1969/6/26

再び市立大学病院(桜山)の交差点へ戻ってきました。背景は昭和郵便局です。右端に市立大学の旧校舎が見えます。手前の線路は西方高辻方面から南へ曲がり、市道環状線に合流しています。
1508 [61] 1969/7/14

同上地点から東を見ています。高辻～市立大学病院の正式名称は藤成線ですが、名前の由来である藤成通は、ここから東側なので市電は走っていません。
1450 [33] 1969/1/20

線路がT字になっている桜山町の交差点です。背景は公設市場の「桜山センター」、出入口が両端にあって通り抜けができる大きな市場でした。食料品、日用品店のほかに本屋さんまでありました。市立大学病院。
1541 [51] 1969/1/20

市立大学病院（桜山町）から少し南の地点です。背景は名古屋市立大学のキャンパスで、学生運動の立て看板が写っています。桜山町の交差点にできた地下鉄駅とバス停が「桜山」になったのちも、この場所に「市立大学病院」のバス停があって、理解するのが大変です。そもそも桜山町の電停名を市立大学病院と称したことが、まずかったと思われます。
1475 [33] 1969/7/14

市立大学病院〜瑞穂通一丁目にある川澄町の交差点です。ここで滝子から石川橋へ抜ける「郡道」と斜めに交差しています。角の煙草屋が何とも言えないレトロな感じを漂わせています。
1517 [61] 1470 [33] 1969/7/14

旧市立大学病院前を走る1400型。病院の跡地には市立博物館が建っています。 1465［33］1969/10/12

瑞穂通から笠寺方面

市立大学病院（桜山町）から瑞穂通を南に下って新瑞橋、笠寺方面と、その先の大江町まで、市道環状線を走る市電をご紹介します。市立大学病院〜瑞穂通一丁目は1932年の開業で、高辻方面に繋がっていました。前年に市立大学病院の前身である市民病院が竣工していることと符合します。その先、大江町までの区間は戦時中、1941〜1944年に、軍需工場への通勤のために建設されています。1966年に市立大学病院が桜山町に移転したため、「市立大学病院前」の電停は「瑞穂通一丁目」に変更されました。

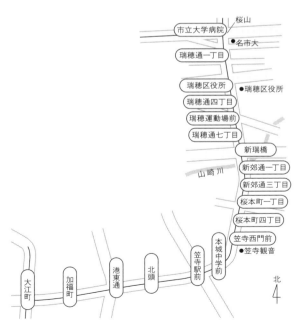

瑞穂通一丁目です。背景に市立大学病院の建物が写っていますが、すでに移転した後です。病院は市民病院の名前で開業しましたので、当初は電停も市民病院前でした。1950年に病院の正式名称が変わって、市立大学病院前になりましたが、車内アナウンスは相変わらず市民病院前と案内していました。病院があった頃は門前に商店街があって、特に見舞客が立ち寄る花屋さんと果物屋さんが繁盛していました。
1526 [63] 1969/10/12

瑞穂通一丁目〜瑞穂区役所です。筆者が小学生だった頃、この辺りには電車通りに面して畑地が残っていました。軌道敷と中央の1車線を除いては舗装されていなかったので、風の強い日は土埃が舞っていた記憶があります。右に瑞穂通の簡易郵便局が写っています。[33]系統は東新町から高辻を経由して港東通に至る系統です。
1454 [33] 1969/10/12

前掲の少し南側で、道路の東側を見ています。背景の蒲郡信金、新聞販売店、いずれも現存しています。大協石油は、のちのコスモ石油です。
1522 [61] 1969/10/12

瑞穂区役所の電停です。笠寺西門前行きの[31]系統が走っています。1950年代の話ですが、[35]系統の起点は瑞穂通三丁目（のちの瑞穂区役所）でした。ここは[62]系統の始発地でもあり、名古屋駅へ行くのに2つの経路が選べました。今では想像できませんが、この辺りが名古屋市街地のはずれで、戦後に住宅地として人々が住み始めた場所です。現在は地下鉄桜通線が開通し、一等地になっています。
1463 [31] 1969/10/12

瑞穂区役所の交差点です。角にある3階建てのビルは大津大学薬局ですが、現在は13階建てのマンションが建設されました。その右に見えるのは、1963年に竣工した瑞穂区役所の先代庁舎で、1996年に建て替えられています。ゆるやかな坂道になっている左の道路を東へ進むと、「日本の桜100選」の一つ、山崎川の土手に至ります。
1449 [35] 1969/10/12

瑞穂通四丁目です。寿司屋さんと大衆食堂の入ったビルが見えます。市電の陰に隠れていますが、ビルの横に天神市場という公設市場がありました。右に「丹頂鶴」と呼ばれた、懐かしい電話ボックスが写っています。
1470 [33] 1969/10/12

瑞穂通四丁目〜瑞穂運動場前です。ここまで来ると交通量が急に少なくなります。背景に、"粋な黒塀に見越しの松"があるお屋敷が見えます。後方の森は、菅原道真公を祀った真好社です。上掲で説明した天神市場の由来になったと考えられます。
1529 [61] 1969/10/12

瑞穂運動場前の交差点から東に約200mほど、画面左奥に見える市電の引き込み線がありました。イベント開催時のみ臨時電車が運行されました。瑞穂競技場は戦後間もない1950年に開催された、第5回国民体育大会のメイン競技場として造られました。
1456 [33] 1969/10/12

瑞穂通七丁目〜新瑞橋です。矢田町四丁目発の[63]系統は、次の新瑞橋が終点になります。
1160 [63] 1969/10/12

新瑞橋の電停です。市電の側面に「名古屋まつり」の飾り付けが見えます。近所の子たちが出てきていますので、もうすぐ花電車が通るようです。花電車はコラムでお目に掛けます。
1442 [35] 1969/10/12

山崎川に架かる新瑞橋を渡ると、南区に入ります。橋の歩道部分は木製で増設されていました。
新瑞橋〜新郊通一丁目。 1466 1969/10/12

新郊通一丁目です。幅広い市道環状線が続きます。環状線という名前は一般には使われず、新瑞橋までが瑞穂通、ここからが新郊通、さらにその先が桜本町と名前が変わります。
1463 [33]、1455 [31] 1969/10/12

桜本町四丁目です。近くに名鉄の桜駅があって、駅前には商店街がありましたが、市道環状線の電車通りは人家も少なく、ちょっと淋しい感じのする場所でした。
1162 [61] 1969/10/12

笠寺西門前です。尾張四観音霊場の一つ、笠寺観音の門前町として昔から集落がありました。また、笠寺は旧東海道の道筋にも当たります。背景のビルの手前に見える信号の所で、旧東海道と電車通りが交差しています。現在ビルは撤去され、跡地はスーパーMax Valuになっています。
1603 [61] 1969/10/20

笠寺西門前〜本城中学前で、名鉄本線のガードをくぐります。市電の線路はここで大きくカーブして、西へ向かいます。上を走るのは名鉄往年の名車3900系です。この頃車体の塗色を試験的に変更することがあり、ストロークリームに赤帯の配色になっていました。
1168 [61] 1969/10/20

笠寺駅前です。笠寺には名鉄の本笠寺駅のほかに国鉄の笠寺駅があります。通勤には便利なところですが、周囲は工場地帯でした。近年、工場の撤退が相次ぎ、周辺は住宅地になっています。
1603 1969/10/20

笠寺駅前〜北頭です。笠寺付近は新幹線が高架でなく地上を走っていますので、長い跨線橋によって新幹線、東海道本線、それに名古屋臨海鉄道の3線路を越えます。
1508 [61] 1969/9/5

笠寺駅前〜北頭。
1457 [33] 1969/9/5

港東通です。1960年までは大江という電停名でした。画面の右側を入った所に、名鉄常滑線の大江駅があります。左奥が名鉄線を越える跨線橋です。背景の太平製作所は合板製造機械のトップメーカーですが、1976年に小牧市へ移転し、跡地は住宅地になっています。
1161 [61] 1969/10/20

港東通。 1512 [61] 1969/10/12

市電は港東通から大江町にかけて、東レや三菱重工の広大な敷地の北側を走っていました。[61]系統は大江町(旧六号地)で左折して、昭和町へ向かいます。
1405 [61] 1968/7/5

名古屋駅前。 花12 1969/10/14

名古屋まつりの「花電車」

名古屋最大の祭りは、毎年10月に開かれる「名古屋まつり」です。呼び物は、郷土が産んだ三英傑、信長, 秀吉, 家康を主役とする戦国時代の武者行列です。これらの配役は一般市民から公募で決められますので、今年の濃姫が誰に決まるのか、いつも市井の話題になっていました。「子供達だけで盛り場へ行くな、勉強しろ」と、日頃口やかましい中学校の先生も、「名古屋まつり」の日だけは遊ぶ事を黙認して下さいました。

瑞穂区役所の先代庁舎を背景に走る[33]系統です。車体に「名古屋まつり」の飾り付けがついています。右端と電車の奥に、装飾された花トラックが見えます。もうすぐ花電車が来る頃です。
1446 [33] 1969/10/12

瑞穂通四丁目〜瑞穂運動場前です。お目当ての花電車がやって来ました。春日井製菓の飾り付けをした花16号です。筆者にとって、子供の頃から名古屋まつりの楽しみは、英傑行列よりも花電車を見ることでした。余談ですが、鉈で切ったようなフロントスタイル（アローライン）の3代目トヨペットコロナのバンが写っています。右端は6人乗りのマツダ・ルーチェ、4ナンバーのバンタイプです。いずれも懐かしい車です。
花16 1969/10/12

同じく瑞穂通四丁目〜瑞穂運動場前です。こちらは花14号、青柳ういろうのデコレーションが施されています。花電車は地元で良く知られた企業がスポンサーになっていました。
花14 1969/10/12

装飾前の花電車、上掲の花14号です。タネ車は1150型の1177号です。両端の運転台を残して、客室部分がすべて撤去されています。沢上車庫にて。
花14 1969/3/6

午後7時25分、花電車の一行が名古屋駅前に集結し、花11〜花16の6両が勢揃いしました。先頭を走るのは花15号です。背景の建物は、右から順に名鉄百貨店、近鉄ビル、名鉄バスターミナルビルです。
花15 1969/10/14

花11号は大須ういろうの飾り付けで、「ゲゲゲの鬼太郎」が登場していました。当時、『週刊少年マガジン』に連載中の人気漫画で、前年からTVアニメも始まったところでした。右に [11] 系統の1633号が写っています。
花11、1633 [11] 1969/10/14

花11号、その後ろに花13号車が停車しています。背景右が大名古屋ビル、左が国鉄名古屋駅です。冒頭の写真もこのアングルで撮影しました。
花11 1969/10/14

花12号(左)と花14号(右)です。右端名鉄百貨店の壁に、大阪万博のカウントダウン時計が光っています。
 花12、花14 1969/10/14

花16号(春日井製菓)の正面です。花電車の照明はとても明るく、常用のASA100フィルムで、1/125秒、f4の手持ち撮影をしたことが、メモ帳に残っています。
花16 1969/10/14

花12号、敷島製パンの提供です。
花12 1969/10/14

花13号、ふりかけの浜乙女です。
花13 1969/10/14

名古屋駅前の市電1番ホームです。
大勢の市民が花電車を見に集まって
いました。車両は青柳ういろうの花
14号です。
花14 1969/10/14

年表で語る市電の歴史
～開業から最盛期まで～

明治時代

年	月日	記事
1878（明治11）年	12.20	郡区町村編制法により、名古屋区が成立 ・区域は名古屋城ご城下の範囲。
1880（明治13）年	11.6	西春日井郡大曽根町、古出来町などを編入。
1886（明治19）年	3.1	武豊～熱田に鉄道開通 ・当時の熱田駅は現在地の1.6km南にあった。
	4.1	熱田～清洲に鉄道延伸 ・清洲は現在の枇杷島で、名古屋駅は仮駅舎であった。
	5.1	愛知郡広井村笹島に初代名古屋駅が誕生 ・広井村は1889年10月に那古野村へ合併。
1889（明治22）年	10.1	市制・町村制の施行により、名古屋区を名古屋市に改称 ・名古屋市が誕生。人口15.7万人、市域13.3㎢。
1891（明治24）年	10.28	濃尾地震発生 ・M8.0、震源は岐阜県根尾谷、犠牲者7,273人。 ・名古屋駅の駅舎が倒壊、翌年に2代目駅舎が竣工。
1894（明治27）年	6.25	愛知馬車鉄道(株)設立 ・当初から電気鉄道を計画、社名は認可を容易にするため。 ・資金難のため開業には至らなかった。
	8.1	日清戦争勃発 ・翌1895年4月に講和、下関条約調印。
1895（明治28）年	5.24	関西鉄道が名古屋～弥富を開業 ・1907/10/1、鉄道国有化法により国有化、後の国鉄関西本線。
1896（明治29）年	3.23	愛知郡御器所村前津小林を名古屋市へ編入 ・丸田町、東陽町、大池町などを含むエリア。
	6.19	愛知馬車鉄道を名古屋電気鉄道(以下名古屋電鉄)に改組 ・前年に開業した京都電気鉄道から指導、援助を受ける。
	9.1	熱田駅が現在地へ移転 ・翌1897年に熱田駅と熱田港を結ぶ熱田運河が開削された。
1898（明治31）年	5.6	名古屋電気鉄道が笹島～県庁前(久屋町)2.2kmを開業 ・京都に次いで、日本で二番目の市内電車が誕生した。(栄町線)
	8.22	愛知郡那古野村と古沢村東古渡を名古屋市へ編入
1900（明治33）年	7.25	中央線名古屋～多治見が開通、千種駅が誕生 ・千種駅は現在の場所より400mほど南西に造られた。
1901（明治34）年	2.19	名古屋電鉄の柳橋～志摩町～押切町2.3kmが開通 (押切線)
1903（明治36）年	1.31	名古屋電鉄の栄町線が延伸、久屋町～千種(西裏)1.8km ・千種(西裏)は広小路通にある千種駅への入り口。
1904（明治37）年	2.10	日露戦争勃発 ・翌1905年9月に講和、ポーツマス条約調印。
1905（明治38）年	4.2	瀬戸自動鉄道が瀬戸～矢田を開業 ・1906年大曽根まで延伸、1907年瀬戸電気鉄道に改組。
1907（明治40）年	6.1	愛知郡熱田町を名古屋市へ編入
	7.16	愛知郡小碓村熱田新田、稲永新田などを名古屋市へ編入 ・人口35.4万人、市域は市制施行時の倍に増加(32.9㎢)。
	11.10	名古屋港が開港
1908（明治41）年	4.1	名古屋市に東、西、中、南の4区から成る区制を施行。 ・本町通を境に西区と東区を設定。中区は広小路通より南側。 ・南区は編入した熱田町及び旧小碓村の区域であった。
	5.3	名古屋電鉄の栄町～熱田駅前4.6kmが開通 (熱田線) ・これにより名古屋、千種、熱田の3駅が市内電車で繋がった。
	8.31	愛知馬車鉄道(2代目)が開業、千種町古井～御器所村広路石坂 ・1910年に尾張電気軌道に改組、電化を進める。
	9.17	名古屋電鉄の熱田線が延伸、熱田駅前～熱田伝馬町1.1km
1909（明治42）年	10.1	愛知郡千種町、御器所村の一部を名古屋市へ編入 ・中央本線の西側区域に相当。人口38.9万人、市域34.1㎢
	11.19	鶴舞公園が開園
1910（明治43）年	2.22	新堀川(精進川)の開削が竣工、通水式挙行
	2.23	名古屋電鉄の上前津～新栄町2.7kmが開通(公園線)
	3.16	鶴舞公園で第10回関西府県連合共進会が開催 ・会期90日間、参加31府県、来場者数263万人。 ・会場で名古屋開府300年記念行事も実施。 名古屋電鉄の熱田駅前～船方～築地口4.2kmが開通(築港線)
	5.6	名古屋電鉄枇杷島線、押切町～枇杷島が開通 ・同線は1912/8/6に郡部線へ編入。
	7.15	熱田電気軌道が開業、熱田神戸橋東～東築地2.9km(東築地線)
1911（明治44）年	5.23	瀬戸電気鉄道が延伸、大曽根～土居下 ・同年10月1日、堀川まで全通。
	6.9	名古屋電鉄の上前津～門前町0.4kmが開通(御黒門線)
	6.24	名古屋電鉄の柳橋～洲崎橋0.7kmが開通(江川線)
	8.19	名古屋電鉄の北畑～月見坂1.8kmが開通(覚王山線)
	11.2	名古屋電鉄江川線が延伸、洲崎橋～山王橋1.1km

1912（明治45）年	1.11	名古屋電鉄築港線が延伸、築地口～築地橋0.6km
	4.1	名古屋電鉄栄町線が延伸、西裏～千種（千種駅前）0.2km ・広小路通の西裏から南へ折れて、千種駅前に到達した。
	4.21	尾張電気軌道が開業、千早～大久手～興正寺前4.8km（八事線） ・同年9月（大正元年）延伸、興正寺前～天道（八事）0.5km
	5.6	名古屋電鉄の尾頭橋～船方2.6kmが開通（江川線）
	5.22	名古屋電鉄覚王山線が延伸、西裏～北畑0.4km ・千種橋が開通して栄町線と接続し、笹島～覚王山が繋がった。
	5.23	名古屋電鉄江川線が延伸、山王橋～古渡橋0.6km
	5.25	尾張電気軌道の大久手～今池0.7kmが開通（八事線）

●下に明治末期の路線地図を示す

●明治末時点の路線地図

329

市営開始まで

年	月日	記事
1912（大正元）年	8.6	名古屋電鉄郡部線が開通 ・押切町〜枇杷島橋〜岩倉〜西印田（東一宮の近く）及び岩倉〜犬山
	9.1	熱田電気軌道が延伸、熱田神戸橋東（内田橋）〜熱田伝馬町0.5km ・この区間はのちに市電熱田線の一部となった。
	11.8	名古屋電鉄江川線が延伸、尾頭橋〜古渡橋0.4km ・これで江川線の柳橋〜船方が全通した。
1913（大正2）年	10.17	名古屋土地（株）の路線が開業、明治橋〜公園前3.2km（中村線）
	11.12	名古屋電鉄の志摩町〜明道橋〜御園御門0.8kmが開通（御幸線→行幸線）
	11.20	名古屋電鉄の郡部線が同社押切町〜柳橋へ乗り入れ（那古野町経由） ・柳橋が一大ターミナルとなった。
	12.20	下之一色電車軌道が開業、尾頭橋〜下之一色6.3km（下之一色線）
1914（大正3）年	7.28	第一次世界大戦勃発 ・日本は同年8月に参戦。終戦は1918年11月のパリ講和会議。
	8.20	名古屋電鉄の御園御門〜本町御門0.6kmが開通（外堀線）
	9.6	電車焼き打ち事件発生、電車23両に被害 ・運賃引き下げを求める市民集会参加者が暴徒化、軍隊が出動した。
	11.5	名古屋電鉄の本町御門〜東片端1.2kmが開通（片端線）
		名古屋電鉄の東新町〜長塀町三丁目1.5kmが開通（高岳線）
1915（大正4）年	3.17	名古屋電鉄高岳線が延伸、長塀町三丁目（清水口）〜赤塚0.8km
	4.26	名古屋電鉄高岳線が延伸、赤塚〜徳川邸前0.7km
	5.30	名古屋電鉄高岳線が延伸、徳川邸前（徳川町）〜大曽根0.6km ・柳橋から明道橋、東片端、清水口経由で大曽根で繋がった。
	6.23	尾張電気軌道が延長、八事〜東八事（霊園入口）0.5km ・霊柩電車が運行された。
	10.10	名古屋電鉄の明道橋〜江川町0.9kmが開通（上江川線）
	11.4	名古屋電鉄上江川線が延伸、江川町〜浄心前0.7km
		名古屋電鉄片端線が延伸、東片端〜平田町0.7km
		名古屋電鉄の新栄町〜平田町1.1kmが開通（葵町線）
1917（大正6）年	6.16	築地電軌が開業、築地〜稲永2.3km（築地線）
1918（大正7）年	9.21	名古屋電鉄築港線が延伸、築地橋〜築港0.3km
1919（大正8）年	4.15	名古屋電鉄が熱田電気軌道を合併
	4.16	名古屋電鉄の平田町〜赤塚0.5kmが開通（山口町線）
1920（大正9）年	6.7	名古屋電鉄の那古野車庫で火災発生、電車99両を焼失
	10.1	第1回国勢調査実施、人口43.0万人、市域37.4km²
1921（大正10）年	6.13	名古屋電鉄が名古屋鉄道（株）を設立 ・同年7月、郡部線を名古屋鉄道へ譲渡。
	8.22	愛知郡笠寺村など近隣16町村を名古屋市へ編入 ・人口61.6万人、市域が約4倍に拡大した（149.5km²）。
	12.7	名古屋電鉄の笹島〜那古野町0.8kmが開通（堀内町線）
1922（大正11）年	7.5	名古屋都市計画区域が決定 ・全市で統一的な街路などの計画を策定。
	8.1	名古屋市が名古屋電鉄を買収。 ・市内電車は市営、郡部は名古屋鉄道に分かれる。路線42.5km、車両238両を引き継ぐ。

●次頁に大正11年8月、市営化時点の路線地図を示す

● 市営開始時点の路線地図

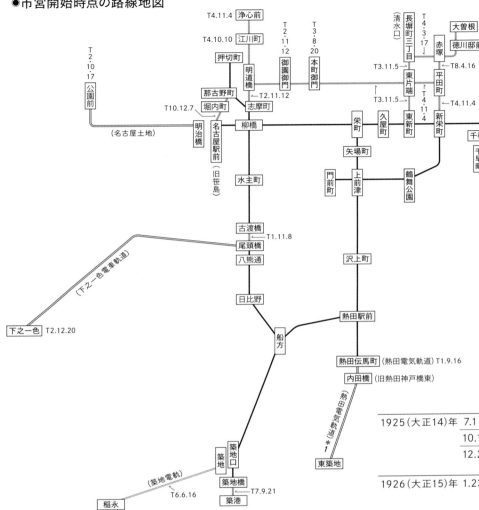

終戦まで

年	月日	記事
1923（大正12）年	1.16	市電明道橋〜菊井町0.4kmが開通（明道線）
	1.25	市電小針〜牛巻3.1km、高辻〜滝子0.6kmが開通（東郊線）
	9.1	関東大震災発生 ・M7.9、犠牲者推定10万5千人
	9.20	市電東新町〜鶴舞公園1.5kmが開通（高岳延長線）
	11.13	市電門前町（大須）〜岩井町0.1kmが開通（岩井町線）
	12.22	市電岩井町線が延伸、岩井町〜水主町0.9km
1924（大正13）年	3.28	72人乗り大型車両、LB型28両を投入 ・市営になって初めて大型ボギー車が造られた。
	7.20	市電栄町〜大津町1.0kmが開通（大津町線）
1925（大正14）年	7.1	築地電軌が路線延伸、稲永〜明徳橋3.6km
	10.1	第2回国勢調査実施、人口76.8万人
	12.23	市電東郊線が延伸、鶴舞公園〜小針0.3km ・中央線のガードが完成して東郊線が繋がった。
1926（大正15）年	1.23	市電志摩町〜那古野町の路線廃止 ・郡部線の押切町〜柳橋乗り入れは、明道橋経由に変更。
	5.31	築地電軌が路線延伸、明徳橋〜下之一色1.2km ・下之一色電車軌道と繋がるのは、市営化後の1938年。
	6.1	名古屋土地(株)が軌道部門の経営権を中村電気軌道へ譲渡
1927（昭和2）年	4.17	市電東郊線が延伸、牛巻〜熱田駅前0.6km
	7.10	市電押切町〜浄心前0.9kmが開通（押切浄心連絡線）
1928（昭和3）年	3.15	愛知郡天白村八事を名古屋市へ編入
	4.21	80人乗り大型ボギー車、BLA(1200)型8両を投入 ・市営初の半鋼製低床式車両が登場した。
	9.15	御大典奉祝名古屋博覧会を鶴舞公園で開催 ・会期2ヶ月半、入場者数194万人
	10.25	市電滝子〜桜山町0.7kmが開通（藤成線）
1929（昭和4）年	6.1	新三河鉄道が尾張電気軌道を買収

1930（昭和5）年	2.1	市営バスが運行開始
	5.9	市電矢場町〜千早町1.4kmが開通（千早線）
		・当線の免許は旧尾張電気鉄道が保有、1925年に市へ譲渡。
		・千早には中央線の踏切があり、両社の線路は繋っていない。
	10.1	第3回国勢調査実施、人口90.7万人
	10.10	中川運河の使用を開始
		・1932年10月に松重閘門が完成して全通。
1931（昭和6）年	9.18	満州事変勃発
		・翌年3月1日、満州国の建国を宣言。
	11.25	新三河鉄道の八事〜東八事が廃止
1932（昭和7）年	5.15	五・一五事件、犬養首相暗殺
	12.30	市電桜山町〜市民病院前0.5kmが開通（循環東線）
1933（昭和8）年	8.24	市電大津橋〜市役所前0.4kmが開通（廊内線）
1934（昭和9）年	9.11	市電水主町〜六反小学校前0.4kmが開通（水主町延長線）
1935（昭和10）年	10.1	第4回国勢調査実施、人口108.3万人
1936（昭和11）年	2.22	二・二六事件、高橋蔵相暗殺
	5.24	名古屋市が中村電気軌道を買収（中村線）
1937（昭和12）年	2.1	3代目名古屋駅が現在地に竣工
		電停名変更、名古屋駅前→笹島町、大津町→大津橋
	2.27	覚王山〜東山公園2.1kmが開通（東山公園線）
	3.1	愛知郡下之一色町、西春日井郡庄内町などを名古屋市へ編入
		名古屋市が新三河鉄道を買収（八事線）
		名古屋市が築地電軌を買収（築地線）
		名古屋市が下之一色電車軌道を買収（下之一色線）
		・これにより、全ての路線が市営（電気局）に一本化された。
	3.11	日比野〜築地口4.0kmが開通（野立築地口線）
	3.14	中村線の中村公園前（後の中村公園）〜公園前0.5kmが廃止
		中村線が延伸、笹島町〜笹島警察署前0.2km
		・笹島のガードが完成して、広小路通（栄町線）と繋がった。
		堀内町〜名古屋駅前0.4kmが開通（桜町西線）
	3.15	熱田前新田造成地で、汎太平洋平和博覧会開催
		・会期2.5ヶ月、参加29ヶ国、入場者数480万人
		・名古屋駅の移転新築、桜通の拡幅、市電路線網の充実、東山動植物園の開園など市の発展のトリガーとなった。
		・名古屋市電を代表する車両、1400型がこの時期に登場した。
	4.16	笹島町〜名古屋駅前0.4kmが開通（笹島線）
		・堀内町線の堀内町〜笹島町が廃止。
	7.7	日華事変勃発、戦時体制が強化
	10.1	区制を4区から10区制に変更
		・千種、中村、昭和、熱田、中川、港区が誕生。

		・熱田区は概ね旧熱田町、南区はほぼ現在の区域になる。
1939（昭和14）年	9.1	欧州で第二次世界大戦勃発
1940（昭和15）年	5.28	内田橋〜南陽通八丁目2.6kmが開通（大江線）
		・内田橋〜南陽館前（旧東築地）が廃止。
	5.28	笹島線が延伸、笹島町〜六反小学校前1.0km
	10.1	第5回国勢調査実施、人口132.8万人
1941（昭和16）年	5.1	大江線が延伸、南陽通八丁目〜東橋0.3km
	5.16	循環東線が延伸、市民病院前〜新瑞橋2.0km
	7.3	全国初の連接式路面電車2600型が登場
	8.12	名古屋鉄道（以下名鉄）の新名古屋〜枇杷島橋が開通
		・名岐郡部線（西線）の押切町〜枇杷島橋が廃止。
		・同じく郡部線の押切町〜柳橋乗り入れも廃止。
	12.8	太平洋戦争勃発
	12.30	西稲永（初代）〜稲永新田0.7kmが開通（築地線支線）
1942（昭和17）年	6.25	大曽根〜東大曽根0.6kmが開通（大曽根線）
1943（昭和18）年	3.20	名古屋駅前〜那古野町0.6kmが開通（広井町線）
		・堀内町線堀内町〜那古野町及び桜町西線が廃止。
	5.10	トロリーバス東大曽根町〜桜山町6.2kmが開通
	10.1	新瑞橋〜笠寺西門前2.1kmが開通（笠寺線）
	12.1	廊内線市役所前〜大津橋が休止（実質廃止）
		栄町線西裏〜千種駅前が休止（実質廃止）
	12.30	沢上町〜八熊通0.9kmが開通（八熊東線）
1944（昭和19）年	2.11	北区、瑞穂区、栄区が誕生、13区制となる
	3.1	高辻〜沢下町0.9kmが開通（八熊東線）
	7.2	千早線及び八事線の千早〜大久手が休止（実質廃止）
	7.11	大曽根〜上飯田1.7kmが開通（御成通線）
	7.31	大江線が延長、東橋〜六号地0.6km
		六号地〜仮大江1.1kmが開通（東臨港線）
	8.1	笠寺西門前〜笠寺駅前0.8kmが開通（笠寺延長線）
	8.29	北頭〜大江1.0kmが開通（東臨港線）
	9.1	名鉄の新名古屋〜神宮前が開通
		・名鉄東部線と西部線がつながった。
	10.24	東臨港線が延伸、大江〜仮大江0.3km
		・名鉄常滑線を越える大江跨線橋が完成。
	11.30	東臨港線が延伸、笠寺駅前〜北頭0.6km
		・これで東臨港線笠寺駅前〜六号地が全通。
	12.7	昭和東南海地震発生、M7.9、震源熊野灘沖
		・東臨港線大江跨線橋崩落など市電24.5kmが不通。
	12.13	名古屋大空襲始まる
		・以後翌年の終戦まで延べ63回の空襲があり、焼夷弾による無差別攻撃で市街地の大半が焦土と化した。
		・市電の全焼38両、半焼又は大破17両、他117両に被害。
	12.20	金山橋〜沢下町0.7kmが開通（八熊東線東西連絡線）
1945（昭和20）年	8.15	終戦

●次頁に昭和20年8月、終戦時の路線地図を示す

● 昭和20年8月 終戦時の路線地図

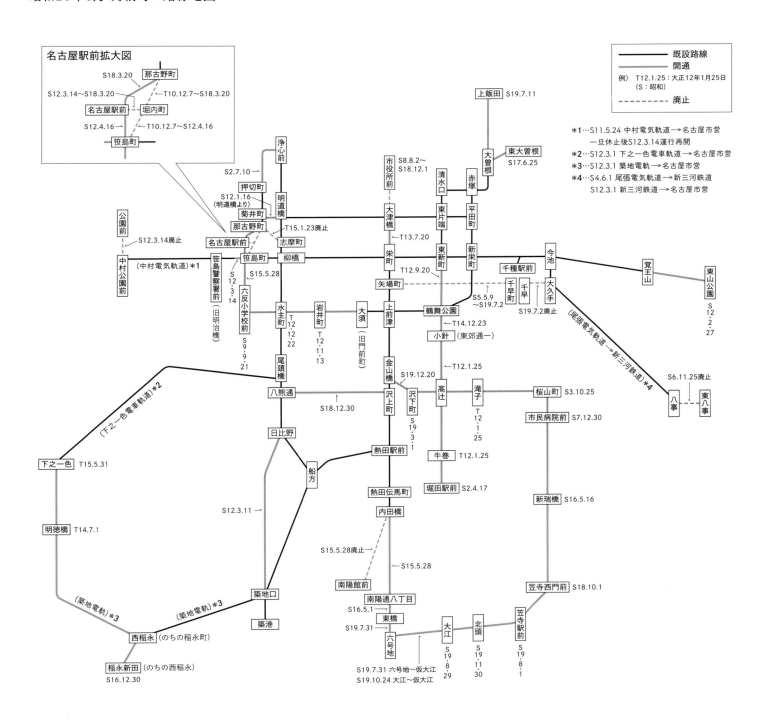

333

戦後開通

年	月日	記事
1945(昭和20)年	10.2	名古屋市電気局を交通局に改称
	11.1	昭和20年人口調査を実施、人口59.8万人 ・1943年に比べて76.7万人減。
	11.3	栄区を中区へ合併、12区制となる
1946(昭和21)年	1.8	上江川線明道橋→明道町に改称
1947(昭和22)年	8.5	利用者減のため築地線支線が休止
	10.1	国勢調査実施、人口85.3万人
1949(昭和24)年	7.15	清水口～黒川1.6kmが開通(清水口延長線)
		上江川線浄心前→浄心町に改称
1950(昭和25)年	10.1	国勢調査実施、人口103.1万人
	10.14	循環東線を延伸、大久手～桜山町2.5km ・八事線の今池～大久手は循環東線に編入。 ・トロリーバスの桜山町～今池が廃止。
	10.28	第5回国民体育大会秋季大会が開幕 ・瑞穂運動場前引込線0.2kmが開通。
1951(昭和26)年	1.16	東大曽根町～今池のトロリーバスが廃止
1953(昭和28)年	8.14	循環東線が延伸、今池～矢田町十丁目2.5km
		矢田町四丁目～矢田町十丁目0.5kmが開通 (循環北線) ・これで矢田町四丁目～六号地の線路が繋がった。
		無音電車1800型が登場 ・以後高性能車両は1900型、2000型へと発展した。
1954(昭和29)年	2.28	日本初のワンマン電車が下之一色線に登場
	6.20	名古屋テレビ塔が開業 ・高さ180mは、当時東洋一を誇った。
	7.1	八熊東線が延伸、沢上町～池内町0.4km ・沢上跨線橋が竣工、八熊通～高辻が全通した。 ・八熊東線東西連絡線が廃止。
1955(昭和30)年	4.5	愛知郡天白村、猪高村を名古屋市へ編入
	8.10	中村線が延伸、中村公園～鳥居西通0.6km
	10.1	浄心町～秩父通0.5kmが開通(浄心延長線)
		西春日井郡山田村、楠村、海部郡南陽町、富田町を編入 ・人口133.7万人、市域250.1k㎡
1956(昭和31)年	7.15	中村線が延伸、鳥居西通～稲葉地町0.5km
	9.15	休止中の築地線支線西稲永(初代)～稲永新田が再開 ・同日、電停名を変更。稲永町～西稲永(2代目)。
1957(昭和32)年	8.1	大江線が延伸、六号地～開橋0.4km
	11.15	地下鉄東山線、名古屋～栄町2.4kmが開通
1958(昭和33)年	4.10	清水口延長線が延伸、黒川～黒川本通四丁目0.5km
1959(昭和34)年	3.25	東山公園線が延伸、東山公園～星ヶ丘1.2km ・路線総延長が過去最長の106.3kmとなる。
	9.26	伊勢湾台風が来襲、死者行方不明者5,098人。 ・市電は全線で被害。築地線の復旧は1961年4月。
	10.1	名古屋城天守が鉄筋コンクリート造りで再建
1960(昭和35)年	2.1	清水口延長線が延伸、黒川本通四丁目 ～城北学校前0.7km
	6.15	地下鉄が延伸、東山線栄町～池下3.6km
	7.1	電停名変更、六号地→大江町、大江→港東通
1961(昭和36)年	5.15	覚王山線覚王山～星ヶ丘が休止(実質廃止) ・以後市電の廃止が進み、1974/3/31限りで全廃。
	9.1	国鉄千種駅が現在地へ移転 ・覚王山線千種橋東→千種駅前に改称
	12.1	大江線が延伸、開橋～昭和町0.4km ・名古屋市電最後の開通区間となる。

●次頁に昭和36年12月、市電最盛期の路線地図を示す

＊電停名の変更については、本文に関係のある主なものを掲載した。
＊各路線の開業や延伸年月日、キロ程は今尾恵介氏監修『日本鉄道旅行地図帳・第7号』及び中日新聞本社『名古屋市電物語』に準拠したが、一部に他の資料も参考にした。

●市電最盛期の路線地図　昭和36年12月1日現在

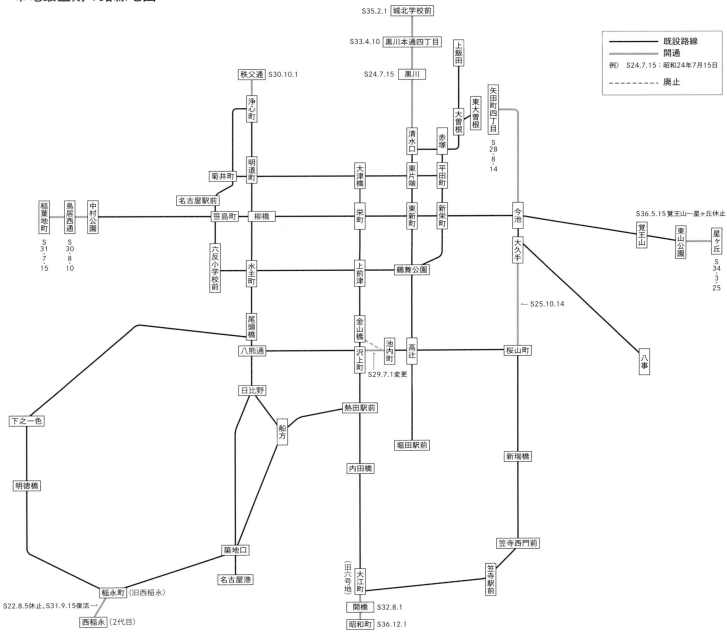

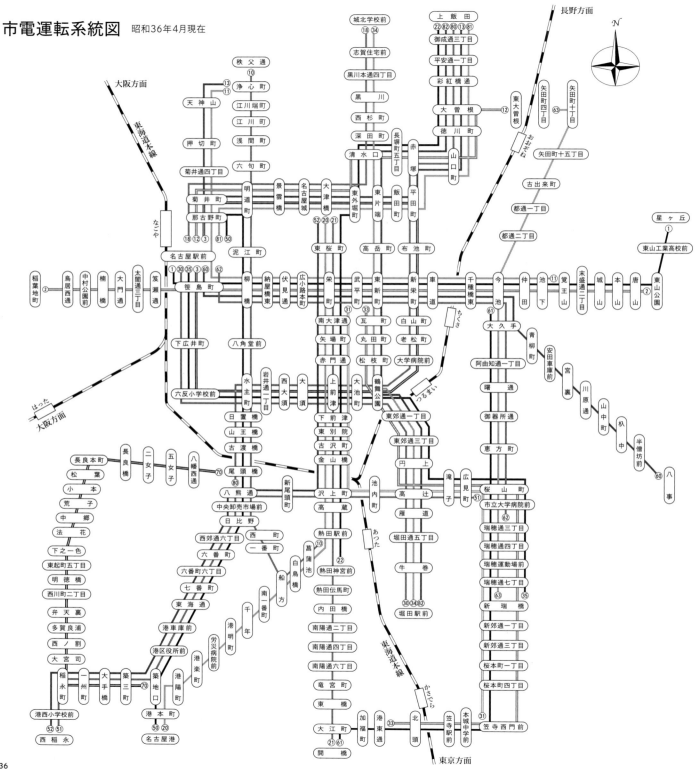

おわりに

　市電が走っていた時代の名古屋の街を、ゆっくりと散策してきました。楽しんでいただくことが出来たでしょうか。あとになって思うのですが「もっと沢山撮れば良かった」、「もっと違う角度で狙えば良かった」と、悔やむことばかり浮かんできます。特に、撮影を開始した時期が比較的遅かったため、最盛期のすべての路線を紹介することが出来なかった事が、痛恨の極みとなっています。

　名古屋の街に網の目のように張り巡らされた市電のネットワークは、先人達が苦労して築き上げた社会資本です。まさかそれが跡形もなく消失してしまうとは、思いもよりませんでした。地下鉄を建設する代りに市電を剥がすという政策が全国的に進められました。しかし、地下鉄はその規模や駅間距離から見て市電の代替にはなり得ません。どちらかと言えば郊外電車を市内に延長させる一つの形態と考えることが適切と、筆者は考えます。市電と地下鉄が共存する例は世界各地で多数見ることが出来ます。軌道敷内の車両通行禁止を徹底し、新型の高性能電車(LRV)を走らせれば、市電は将来の都市交通の要になると信じています。近年、我が国の幾つかの都市で市電を核にした街造りの取組みが見られるようになりました。いつの日か、名古屋の街にも新しい形の市電が復活することを願って止みません。

　最後になりましたが本稿を纏めるに当たり、大変多くの皆様からご指摘やご提言を頂きました。深く謝意を表したいと思います。とりわけ、名古屋大学同窓の所 正美様と田中義人様には、大変お世話になりました。お二人からは的確なご助言と貴重な資料のご提供を頂きました。また、デザイン担当の三矢千穂様には各章に渡る地図の制作を通じて、写真集を見栄えのあるものにして頂きました。そして筆者の背中を押してくださった桜山社・江草三四朗社長はじめ、この本の製作・流通に携わった全ての皆様に深く感謝申し上げます。

　市電を知らない若い人々には歴史の教材として、市電に乗って日常生活を送っていた年配の方々には懐かしい思い出として、この写真集がお役に立てれば筆者望外の喜びです。

　　　　　　　　　　　　　　令和6年9月吉日　浅野　修

市電に乗って東山動物園へ（昭和25年6月）
左から姉、従姉、筆者(2歳)、母。

【参考文献】

本稿をまとめるにあたり、以下の書籍等を参考にしました。敬称略、主なもの、順不同。

• 名古屋鉄道『名古屋鉄道社史』, 1961年
• 名古屋市交通局『市営三十年史』, 1952年
• 名古屋市交通局『市営百年史』(Web版), 2023年
• 中日新聞本社『名古屋市電物語 』, 1974年
• 徳田耕一『名古屋市電が走った街 今昔』, JTB, 1999年
• 日本路面電車同好会名古屋支部『名古屋の市電と街並み』, トンボ出版, 1998年
• 服部重敬『名古屋市電』上/中/下, ネコ・パブリッシング, 2013年
• 名古屋レールアーカイブス・服部重敬『名古屋市営交通の100年』, フォト・パブリッシング, 2022年
• 樹林舎『なごや 街と交通の一世紀』, 2022年
• 昭文社『名古屋市精図』, 1963年
• 今尾恵介『日本鉄道旅行地図帳』7号(東海), 新潮社, 2008年
• 今尾恵介『地図で楽しむ日本の鉄道』洋泉社, 2018年
• 名古屋市『名古屋市史』政治編/地理編/風俗編, 中部経済新聞社, 1968年復刻
• 名古屋市『大正昭和名古屋市史』第九巻, 1955年
• 岡崎早太郎『名古屋市の研究』1917年
• 吉田富夫・服部鉦太郎『名古屋に街が伸びるまで』, 泰文堂, 1964年
• 水谷盛光『名古屋の地名』, 中日新聞本社, 1980年
• 中日新聞本社『堀川物語』, 1986年
• ゼンリン『住宅地図1969年版中村区』
• 八事・杁中歴史研究会『八事・杁中歴史散歩』八事・杁中歴史研究会, 2015年

また、名古屋市及び各区、各企業、各組織のホームページを参考にしました。

• 名古屋市ホームページ(例)　https://www.city.nagoya.jp/
• 国立国会図書館　https://www.ndl.go.jp/
• 国土地理院閲覧サービス　https://www.gsi.go.jp/riyousya01.html
• 『今昔マップ on the web』　https://ktgis.net/kjmapw/

さらに、個人等が運営するホームページも参考にしました。

• 『津島軽便堂写真館』　http://tsushima-keibendo.a.la9.jp/
• 『大名古屋暗渠録』　https://www.ankyo.nagoya/documents/ankyo-map/
• 『このまちアーカイブス』　https://smtrc.jp/town-archives/index.html

【著者略歴】

浅野　修　あさの おさむ

1947年、名古屋市出身。名古屋大学在学時代に鉄道研究会
に所属し、鉄道やバスの写真を撮り始める。卒業後京都の電
機会社に就職、サラリーマン生活のかたわら写真撮影を続
ける。リタイア後にウェブサイト「railbus' photo album」を
2014年に開設。滋賀県在住。

市電のある風景・名古屋

2024年10月25日　初版第1刷　発行

著者	浅野　修
発行人	江草三四朗
発行所	桜山社
	〒467-0803
	名古屋市瑞穂区中山町5-9-3
	tel　052-853-5678
	fax　052-852-5105
	Mail info@sakurayamasha.com
	HP　https://www.sakurayamasha.com
ブックデザイン	三矢千穂
印刷・製本	シナノパブリッシングプレス

©OsamuAsano2024Printed in Japan
ISBN978-4-908957-31-4　C0021

落丁本・乱丁本はお取り替えいたします。
本書のコピー、スキャン、デジタル化等の無断複製は著作権法上での例外を除き
禁じられています。
本書を代行業者等の第三者に依頼してスキャンやデジタル化することは、いかな
る場合も著作権法違反となります。

桜山社は、
今を自分らしく全力で生きている人の思いを大切にします。
その人の心根や個性があふれんばかりにたっぷりとつまり、
読者の心にぽっとひとすじの灯りがともるような本。
わくわくして笑顔が自然にこぼれるような本。
宝物のように手元に置いて、繰り返し読みたくなる本。
本を愛する人とともに、一冊の本にぎゅっと愛情をこめて、
ひとりひとりに、ていねいに届けていきます。